ÉDITORIAL

DÉCEMBRE 2020

W0365621

Chemins d'incarnation

Noël approche et le temps de l'Avent place sur notre chemin les précieux cailloux blancs de la parole de Dieu qui, de multiples manières, nous redit : « Préparez les chemins du Seigneur. » Nous sommes appelés à l'imagination pour tracer, là où nous sommes, les contours de cette veille active. Familles, paroisses, associations rivalisent souvent de propositions. Et il y a toutes celles que nous dictent nos cœurs. Dieu vient au-devant de nous – c'est ce que signifie le mot Avent. Il nous faut veiller pour l'accueillir. Ce n'est pas dans le ciel, mais bien sur terre, que nous sommes invités à le reconnaître, l'Évangile nous le rappelle souvent : dans nos lieux de vie, nos relations, l'accueil de la Parole, la prière ou en laissant renaître le pardon. *Prions en Église* explore avec vous ces sentiers de vie où Dieu vient à notre rencontre. Appelé pour ma part à d'autres missions par ma congrégation de l'Assomption, je laisse à partir du mois de janvier la plume à mes frères. L'Assomption vous accompagne et je continuerai à marcher sur le chemin, comme vous. Belle fête de Noël ! ■

« C'est sur terre que nous sommes invités à reconnaître Dieu »

© P.-E. Charon

Avec le braille, « Prions en Église » à la portée de tous

***Prions en Église* existe aussi en braille ! Grâce à votre générosité, le Fonds de solidarité permet à des personnes aveugles et malvoyantes de vivre leur foi à l'unisson des catholiques du monde entier.**

« J'aime lire *Prions en Église* le matin pour offrir ma journée au Seigneur. C'est une manière de me mettre en sa présence. La revue est pour moi un compagnon quotidien » témoigne Jeannine Rizzo, Marseillaise de 89 ans. « Je lis les textes du dimanche avant d'aller à la messe, en tâchant de retenir l'essentiel du message » ajoute-t-elle.

Jeannine est aveugle. Grâce au Fonds de solidarité de *Prions en Église* et à l'engagement du GIAA, le Groupement des intellectuels aveugles ou amblyopes (GIAA), elle peut ainsi prier chez elle, en communion avec toute l'Église. L'association est en charge de cette mission depuis une vingtaine d'années. La retranscription de la revue en braille nécessite une quarantaine d'heures de travail. Sans compter une semaine à plein temps pour embosser (1), relier et mettre sous enveloppe. « C'est long mais on a conscience de l'importance de notre mission, souligne Marie-Christine Mouttet, vice présidente du GIAA, car cette revue ne ressemble à aucune autre : il y a un tel attachement et une telle attente de la part des abonnés ! »

© AdobeStock

Chaque mois, les personnes aveugles et malvoyantes reçoivent ainsi un joli paquet de trois ou quatre volumes, de plus de 500 pages, pesant près de 3 kg !

Martin Knipper, 65 ans, résidant à Saint-Laurent-Médoc (33), apprécie la diversité des rendez-vous : commentaires bibliques, saint du mois, articles sur la vie de l'Église… « Ce qui m'intéresse le plus, ce sont les chants que je répertorie dans un classeur. J'aime aussi, bien sûr, les textes du jour, dont je me sers le dimanche, dans ma paroisse, en tant que lecteur liturgique. Je puise parfois dans les commentaires pour nourrir ma réflexion au sein du groupe d'étude biblique dans lequel je suis engagé. » La revue est surtout précieuse pour Martin afin d'« ouvrir un espace de silence intérieur propice à la prière ». Comme le résume Marie-Christine Mouttet : « *Prions en Église* en braille est un rendez-vous incontournable pour de nombreux chrétiens aveugles et malvoyants. Cette lecture leur offre une telle espérance ! » ■

Romain Mazenod

(1) Activité consistant à créer les points, en relief, sur le papier, notamment pour le braille.

LE FONDS DE SOLIDARITÉ

Le Fonds de solidarité de *Prions en Église* aide à financer la transcription en braille assurée par le Groupement des intellectuels aveugles ou amblyopes (GIAA).
Si vous voulez soutenir ce projet, vous pouvez adresser **vos dons par chèque à l'ordre de Bayard à :** *Prions en Église* – Fonds de solidarité – Bayard – TSA 60007 – 59714 Lille Cedex 9 ou sur librairie-prions.com/solidarite

PRIER AVEC LE SAINT-PÈRE

Intention pour l'évangélisation du mois de décembre 2020

Prions pour que notre relation personnelle à Jésus Christ soit nourrie de la parole de Dieu et par une vie de prière.

Pour vous aider à prier :
www.prieraucoeurdumonde.net

SAINTS ET SAINTES DU MOIS DE DÉCEMBRE 2020

Xavier Lecœur, journaliste et historien

Chaque jour, l'Église fête plusieurs saints et bienheureux : ceux du calendrier romain, ceux des calendriers diocésains et ceux du calendrier des Églises orientales.
Tous les mois, Prions en Église *vous propose d'en découvrir quelques-uns.*

1er décembre

Bx Charles de Foucauld
(1858-1916)
« Tous les hommes sont les enfants de Dieu qui les aime infiniment », écrivait celui qui, après avoir retrouvé la foi, se fit moine chez les trappistes, ermite à Nazareth, puis missionnaire au Sahara, au milieu des Touaregs. Béatifié en 2005, il sera prochainement canonisé.

2 décembre

Ste Viviane
(IVe siècle)
Cette jeune fille aurait subi le martyre à Rome sous le règne de Julien l'Apostat, empereur hostile aux chrétiens.

3 décembre

St François-Xavier
(1506-1552)
Avec saint Ignace de Loyola et saint Pierre Favre, il fut à l'origine de la Compagnie de Jésus. En 1541, il partit pour l'Asie, où il se dépensa sans compter pour faire connaître le Christ. Patron des missions.

4 décembre

Ste Barbe
(IIIe siècle)
Ayant fait vœu de chasteté, elle aurait été enfermée dans une tour par son père, un seigneur païen, qui l'aurait décapitée lui-même, avant d'être foudroyé. Patronne des pompiers.

5 décembre

St Gérald
(XIe-XIIe siècles)
Sa maîtrise du chant liturgique valut à ce moine de Moissac (Tarn-et-Garonne) d'être appelé à Tolède (Espagne), puis à Braga (Portugal), où il fut choisi comme évêque.

6 décembre

St Nicolas
(IVe siècle)
On ne sait que peu de choses sur la vie de ce saint très populaire, hormis qu'il était évêque

de Myre (actuelle Turquie) et que ses reliques furent volées en 1087 par des marchands italiens qui les apportèrent à Bari. *(voir aussi page 303)*

7 décembre
Ste Fare
(VIIe siècle)
Fondatrice et abbesse, pendant trente-sept ans, du couvent qui prit ensuite le nom de Notre-Dame de Faremoutiers (Seine-et-Marne).

8 décembre
Immaculée Conception

9 décembre
St Pierre Fourier
(1565-1640)
« Ne nuire à personne, être utile à tous » : telle était la devise de ce curé lorrain qui ranima la ferveur religieuse de sa paroisse et fonda, avec la bienheureuse Alix Le Clerc, la congrégation Notre-Dame pour l'éducation des jeunes filles pauvres.

10 décembre
Ste Eulalie de Merida
(IVe siècle)
Martyre très vénérée en Espagne, elle mourut sur le bûcher, à 12 ans.

11 décembre
St Damase Ier
(vers 305-384)
Ce souverain pontife demanda à saint Jérôme, son secrétaire, d'établir une nouvelle version latine de la Bible, la Vulgate. Il favorisa le culte des martyrs et composa en leur honneur de nombreuses épigrammes.

12 décembre
Bx Pie Bartosik
(1909-1941)
Jeune prêtre franciscain polonais, il fut arrêté avec saint Maximilien Kolbe et trois autres religieux du couvent de Niepokalanow. Il mourut en déportation à Auschwitz. Béatifié en 1999.

13 décembre
Ste Lucie
(IVe siècle)
Cette jeune chrétienne fut martyrisée à Syracuse (Sicile), sous le règne de l'empereur Dioclétien. Son culte est attesté dès le Ve siècle.

14 décembre
Ste Odile
(vers 660-vers 720)
On raconte que son père voulait la tuer parce qu'elle était aveugle. Sauvée par sa mère, elle recouvra la vue lors de son baptême, puis fonda un monastère

au mont Sainte-Odile. Patronne de l'Alsace.
(voir page 99)

15 décembre
Ste Virginie Bracelli
(1587-1651)
Après la mort de son mari, cette Génoise se consacra aux orphelins, aux vieillards et aux malades puis, renonçant à ses biens, elle fonda la congrégation des Sœurs de Notre-Dame du Refuge du Mont-Calvaire. Canonisée en 2003.

16 décembre
Bse Marie des Anges
(1661-1717)
« N'agir en tout que dans le but de plaire à Dieu » : telle était la maxime de cette carmélite de Turin qui connut beaucoup d'épreuves, mais fut gratifiée de nombreuses grâces. Béatifiée en 1865.

17 décembre
St Joseph Manyanet
(1833-1901)
Ce prêtre catalan avait un idéal : « Faire de chaque foyer un Nazareth. » Il fonda les Instituts des Fils et des Filles de la Sainte-Famille pour l'assister dans son apostolat. Canonisé par saint Jean-Paul II en 2004.

18 décembre
St Gatien
(IIIe-IVe siècles)
Envoyé en mission par le pape Fabien, il fut le premier évêque de Tours. La cathédrale de la ville lui est dédiée.

19 décembre
Sts Martyrs du Tonkin
(XIXe siècle)
Laboureurs et artisans de la campagne vietnamienne. Emprisonnés, ils convertirent les autres détenus avant de mourir étranglés.

20 décembre
St Vincent Romano
(1751-1831)
Pendant trente ans, il fut le curé de Torre del Greco, près de Naples, où il se fit « tout à tous » auprès des familles de pêcheurs. Canonisé par le pape François en 2018.

21 décembre
St Honorat de Toulouse
(IIIe siècle)
Après avoir évangélisé la région de Pampelune, il succéda à saint Saturnin comme évêque de Toulouse.

22 décembre
Bse Jutta de Spanheim
(XIe-XIIe siècles)
Au monastère de Saint-Disibod (près de Mayence), elle forma Hildegarde de Bingen et la dirigea sur la voie de la sainteté.

23 décembre
St Jean de Kenty
(vers 1390-1473)
« La dureté fait du mal à l'âme de celui qui la pratique », avertissait ce prêtre et professeur de théologie polonais, qui était réputé pour sa grande charité. Canonisé en 1767.

24 décembre
St Delphin
(380-vers 403)
Premier évêque de Bordeaux attesté avec certitude. Il fut l'ami de saint Ambroise de Milan et conféra le baptême à saint Paulin de Nole.

25 décembre
Nativité du Seigneur

26 décembre
St Étienne
(Ier siècle)
Le premier martyr de l'Église. Selon les Actes des Apôtres, il mourut lapidé, en demandant à Dieu de pardonner à ses bourreaux.

27 décembre
Bx Odoardo Focherini
(1907-1944)
Marié et père de sept enfants, cet intellectuel et entrepreneur italien mourut en camp de concentration pour avoir aidé des juifs persécutés. Juste parmi les nations depuis 1969, il a été béatifié en 2013.

28 décembre
Saints Innocents
(Ier siècle)

29 décembre
St Trophime
(IIIe siècle)
Selon la tradition, il aurait été le premier évêque d'Arles, où une ancienne cathédrale porte encore son nom.

30 décembre
Bx Jean-Marie Boccardo
(lire page 204)

31 décembre
St Sylvestre Ier
(285-335)
Élu pape en 314, il dut composer avec la forte personnalité de l'empereur Constantin Ier qui, par l'édit de Milan de 313, avait accordé la liberté de culte aux chrétiens et intervenait lui-même dans les affaires de l'Église.

Prions avec les textes de la messe

DU 1ER AU 31 DÉCEMBRE 2020

Dimanche 6 décembre, *2e dimanche de l'Avent* . . . . *p. 36*

Dimanche 13 décembre, *3e dimanche de l'Avent* . . . . *p. 83*

Dimanche 20 décembre, *4e dimanche de l'Avent* . . . . *p. 127*

Nuit du 24 au 25 décembre, *nuit de Noël* . . . . *p. 161*

Vendredi 25 décembre, *jour de Noël* . . . . *p. 173*

Dimanche 27 décembre, *Sainte Famille* . . . . *p. 187*

Partagez vos intentions de prière

....

....

....

....

....

....

....

....

....

Envoyez vos intentions de prière à :
Prions en Église, Intentions de prière, 18 rue Barbès, 92128 Montrouge Cedex.
Elles seront portées par les pèlerins qui partiront en Terre sainte.

MARDI 1ER DÉCEMBRE 2020

1RE SEMAINE DE L'AVENT COULEUR LITURGIQUE : VIOLET

Temps de l'Avent, *messe de la férie*

Antienne d'ouverture

Voici que le Seigneur va venir,
et, avec lui, tous ceux qui ont cru en lui ;
on verra, ce jour-là, une grande lumière. (cf. Za 14, 5. 7)

Prière

En réponse à nos appels, Seigneur, accorde ton secours à ceux qui luttent et qui peinent : que la présence au milieu de nous de celui qui doit venir, ton Fils bien-aimé, nous redonne courage et nous préserve de la dégradation du péché. Par Jésus Christ… ***— Amen.***

Lecture

du livre du prophète Isaïe (11, 1-10)

« Sur lui reposera l'esprit du Seigneur »

En ce jour-là, un rameau sortira de la souche de Jessé, père de David, un rejeton jaillira de ses racines. Sur lui reposera l'esprit du Seigneur* : esprit de sagesse et de discernement, esprit de conseil et de force, esprit de connaissance et de crainte du Seigneur – qui lui inspirera la crainte du Seigneur. Il ne jugera pas sur l'apparence ; il ne se prononcera pas sur des rumeurs. Il jugera les petits avec justice ; avec droiture, il se prononcera

en faveur des humbles du pays. Du bâton de sa parole, il frappera le pays ; du souffle de ses lèvres, il fera mourir le méchant. La justice est la ceinture de ses hanches ; la fidélité est la ceinture de ses reins.
Le loup habitera avec l'agneau, le léopard se couchera près du chevreau, le veau et le lionceau seront nourris ensemble, un petit garçon les conduira. La vache et l'ourse auront même pâture, leurs petits auront même gîte. Le lion, comme le bœuf, mangera du fourrage. Le nourrisson s'amusera sur le nid du cobra ; sur le trou de la vipère, l'enfant étendra la main. Il n'y aura plus de mal ni de corruption sur toute ma montagne sainte ; car la connaissance du Seigneur remplira le pays comme les eaux recouvrent le fond de la mer.
Ce jour-là, la racine de Jessé sera dressée comme un étendard pour les peuples, les nations la chercheront, et la gloire sera sa demeure.
– Parole du Seigneur.

Psaume 71 (72)

℟ ***En ces jours-là fleurira la justice, grande paix jusqu'à la fin des temps.***

Dieu, donne au r**o**i tes pouvoirs,
à ce fils de r**o**i ta justice.
Qu'il gouverne ton pe**u**ple avec justice,
qu'il fasse dr**o**it aux malheureux ! ℟

En ces jours-là, fleurir**a** la justice,
grande paix jusqu'à la f**i**n des lunes !
Qu'il domine de la m**e**r à la mer,
et du Fleuve jusqu'au bo**u**t de la terre ! ℟

Il délivrera le pa**u**vre qui appelle
et le malheure**u**x sans recours.
Il aura souci du f**a**ible et du pauvre,
du pauvre dont il sa**u**ve la vie. ℟

Que son nom dure toujours ;
sous le soleil, que subsiste son nom !
En lui, que soient bénies toutes les familles de la terre ;
que tous les pays le disent bienheureux ! ℟

Acclamation de l'Évangile

Alléluia, Alléluia. Voici qu'il vient avec puissance, notre Seigneur, pour éclairer les yeux de ses serviteurs. ***Alléluia.***

Évangile de Jésus Christ

selon saint Luc (10, 21-24)

« Jésus exulta de joie sous l'action de l'Esprit Saint »

À l'heure même, Jésus exulta de joie sous l'action de l'Esprit Saint, et il dit : « Père, Seigneur du ciel et de la terre, je proclame ta louange : ce que tu as caché aux sages et aux savants, tu l'as révélé aux tout-petits. Oui, Père, tu l'as voulu ainsi dans ta bienveillance. Tout m'a été remis par mon Père. Personne ne connaît qui est le Fils, sinon le Père ; et personne ne connaît qui est le Père, sinon le Fils et celui à qui le Fils veut le révéler. » Puis il se tourna vers ses disciples et leur dit en particulier : « Heureux les yeux qui voient ce que vous voyez ! Car, je vous le déclare : beaucoup de prophètes et de rois ont voulu voir ce que vous-mêmes voyez, et ne l'ont pas vu, entendre ce que vous entendez, et ne l'ont pas entendu. »

Prière sur les offrandes

Laisse-toi fléchir, Seigneur, par nos prières et nos pauvres offrandes ; nous ne pouvons pas invoquer nos mérites, viens par ta grâce à notre secours. Par Jésus… **— *Amen.***

1re préface de l'Avent, p. 231.

Antienne de la communion

Le Seigneur, dans sa justice,
remettra leur récompense
à tous ceux qui désirent ardemment
sa venue dans la gloire.
(2 Tm 4, 8)

Prière après la communion

Pleins de reconnaissance pour cette eucharistie, nous te prions encore, Seigneur : apprends-nous, dans la communion à ce mystère, le vrai sens des choses de ce monde et l'amour des biens éternels. Par Jésus… **— *Amen.***

INVITATION

Bienheureux Charles de Foulcauld, fêté ce jour, sera bientôt canonisé.
Et si je lisais sa prière d'abandon à Dieu sur www.prionseneglise.fr/abandon ?
ou, pour la chanter, sur www.chantonseneglise.fr ?

COMMENTAIRE

Renversement de logique

Luc 10, 21-24

« Ce que tu as caché aux sages et aux savants, tu l'as révélé aux tout-petits. » Choisir Dieu nous entraîne à changer notre regard sur la notion de grandeur. Dieu renverse la logique d'un monde qui donne souvent de l'importance au mérite. Plutôt que de nous appuyer sur ce que nous avons en propre, nous sommes invités à un dépouillement qui ouvre à une confiance en Dieu, exempte du doute. Oui, le royaume de Dieu s'ouvre aux petits, habités par la confiance et l'amour. ■

***Père Jean-Paul Musangania**, assomptionniste*

✻ CLÉ DE LECTURE

« L'esprit du Seigneur »

Isaïe 11, 2 *(p. 13)*

Le texte mêle deux registres : l'un d'ordre sapientiel évoque les dons de l'esprit permettant au nouveau roi de gouverner avec sagesse, l'autre d'ordre eschatologique imagine le règne attendu comme un monde de douceur et de paix, une création dont toute violence aura disparu. L'originalité du prophète est de lier les deux sous un même chef : celui de l'esprit-souffle, la « ruah », car l'esprit de sagesse donné au descendant de David est le souffle même de Dieu, le souffle créateur qui a fait surgir le monde et le fera surgir à nouveau dans une splendeur de vie dont la mort aura disparu. Pour cela, il faut que l'homme se laisse conduire par cet esprit divin de discernement et de sagesse, qui n'est autre que l'agir même de Dieu remis entre ses mains. ■

***Roselyne Dupont-Roc**, bibliste*

MERCREDI 2 DÉCEMBRE 2020

1RE SEMAINE DE L'AVENT COULEUR LITURGIQUE : VIOLET

Temps de l'Avent, *messe de la férie*

Antienne d'ouverture

Le Seigneur va venir sans tarder éclairer ce que voilent nos ténèbres et se manifester à toutes les nations.

(cf. Ha 2, 3 ; 1 Co 4, 5)

Prière

Apprête nos cœurs, Dieu très bon, par la puissance de ta grâce, pour qu'au jour où ton Fils viendra, il nous juge dignes de prendre place à sa table et de recevoir, de sa main, le pain du ciel. Lui qui… ***— Amen.***

Lecture

du livre du prophète Isaïe (25, 6-10a)

« Le Seigneur préparera un festin et essuiera les larmes sur tous les visages »

En ce jour-là, le Seigneur de l'univers préparera pour tous les peuples, sur sa montagne, un festin de viandes grasses et de vins capiteux, un festin de viandes succulentes et de vins décantés. Sur cette montagne, il fera disparaître le voile de deuil qui enveloppe tous les peuples et le linceul qui couvre toutes les nations. Il fera disparaître la mort pour toujours. Le Seigneur Dieu essuiera les larmes sur tous les visages, et par toute la terre il effacera l'humiliation de son peuple. Le Seigneur a parlé.

Et ce jour-là, on dira : « Voici notre Dieu, en lui nous espérions, et il nous a sauvés* ; c'est lui le Seigneur, en lui nous espérions ; exultons, réjouissons-nous : il nous a sauvés ! » Car la main du Seigneur reposera sur cette montagne.
– Parole du Seigneur.

Psaume 22 (23)

℟ ***J'habiterai la maison du Seigneur pour la durée de mes jours.***

Le Seigneur est mon berger :
je ne manque de rien.
Sur des prés d'herbe fraîche,
il me fait reposer. ℟

Il me mène vers les eaux tranquilles
et me fait revivre ;
il me conduit par le juste chemin
pour l'honneur de son nom. ℟

Si je traverse les ravins de la mort,
je ne crains aucun mal,
car tu es avec moi :
ton bâton me guide et me rassure. ℟

Tu prépares la table pour moi
devant mes ennemis ;
tu répands le parfum sur ma tête,
ma coupe est débordante. ℟

Grâce et bonheur m'accompagnent
tous les jours de ma vie ;
j'habiterai la maison du Seigneur
pour la durée de mes jours. ℟

Acclamation de l'Évangile

Alléluia, Alléluia. Il viendra, le Seigneur, pour sauver son peuple. Heureux ceux qui sont prêts à partir à sa rencontre ! ***Alléluia.***

Évangile de Jésus Christ

selon saint Matthieu (15, 29-37)

Jésus guérit les infirmes et multiplie les pains

En ce temps-là, Jésus arriva près de la mer de Galilée. Il gravit la montagne et là, il s'assit. De grandes foules s'approchèrent de lui, avec des boiteux, des aveugles, des estropiés, des muets, et beaucoup d'autres encore ; on les déposa à ses pieds et il les guérit. Alors la foule était dans l'admiration en voyant des muets qui parlaient, des estropiés rétablis, des boiteux qui marchaient, des aveugles qui voyaient ; et ils rendirent gloire au Dieu d'Israël.

Jésus appela ses disciples et leur dit : « Je suis saisi de compassion pour cette foule, car depuis trois jours déjà ils restent auprès de moi, et n'ont rien à manger. Je ne veux pas les renvoyer à jeun, ils pourraient défaillir en chemin. » Les disciples lui disent : « Où trouverons-nous dans un désert assez de pain pour rassasier une telle foule ? » Jésus leur demanda : « Combien de pains avez-vous ? » Ils dirent : « Sept, et quelques petits poissons. » Alors il ordonna à la foule de s'asseoir par terre. Il prit les sept pains et les poissons ; rendant grâce, il les rompit, et il les donnait aux disciples, et les disciples aux foules. Tous mangèrent et furent rassasiés. On ramassa les morceaux qui restaient : cela faisait sept corbeilles pleines.

Prière sur les offrandes

Permets, Seigneur, que le sacrifice de nos eucharisties te soit toujours offert dans ton Église, pour accomplir le sacrement que tu nous as donné et pour réaliser la merveille de notre salut. Par Jésus… — ***Amen.***

1re préface de l'Avent, p. 231.

Antienne de la communion

Voici le Seigneur Dieu qui vient
avec puissance ;
il vient illuminer notre regard.
(Is 40, 10 ; cf. 34, 5)

Prière après la communion

Seigneur notre Dieu, nous attendons de ta miséricorde que cette nourriture prise à ton autel nous empêche de céder à nos penchants mauvais et nous prépare aux fêtes qui approchent. Par Jésus… — ***Amen.***

INVITATION

En ce début de mois, je peux m'associer à l'intention de prière du pape François de prendre soin de ma relation à Dieu (voir en page 6 ou la vidéo sur www.prionseneglise.fr/intention-du-pape).

COMMENTAIRE

Généreux geste régénérateur Matthieu 15, 29-37

Le cœur de Jésus se brise lorsqu'il voit le mal et la souffrance. Proche de tous les hommes, il leur manifeste une attention de chaque instant. Il pose des gestes générateurs de vie : guérir et nourrir miraculeusement les foules. Cette attention touchante défie notre manière habituelle de voir la détresse humaine. Et si ce regain de générosité pouvait nous ouvrir à l'inattendu de l'autre qui peut devenir objet de nos soins ? ■

Père Jean-Paul Musangania, assomptionniste

✲ CLÉ DE LECTURE

« Il nous a sauvés » Isaïe 25, 9 *(p. 19)*

Un Dieu qui sauve : le nom du prophète Isaïe dit ce salut de Dieu (« Yashah » : sauver, « Yeshayahu » : Dieu sauve). Et ce salut est d'abord très concret : un héritier royal est né, Jérusalem échappe au siège des Assyriens, le roi malade est guéri etc. Mais le mot perd parfois de son ancrage dans la réalité quotidienne, et nous nous demandons de quoi nous devrions être sauvés. Dans une vision utopique de la fin de l'histoire, le prophète nous éclaire : le salut de Dieu est avant tout collectif ; il s'agit de rassembler les peuples, de nourrir tous les êtres humains à profusion, dans une convivialité qui oublie toute guerre et tout conflit, jusqu'à ce que la mort elle-même soit vaincue. Nous ne pouvons penser le salut qu'à la dimension de l'humanité ! ■

Roselyne Dupont-Roc, bibliste

JEUDI 3 DÉCEMBRE 2020

1RE SEMAINE DE L'AVENT COULEUR LITURGIQUE : BLANC

Saint François Xavier

1506-1552. L'un des premiers compagnons de saint Ignace de Loyola, infatigable missionnaire, il sema l'Évangile en Inde, aux Moluques, au Japon...

Antienne d'ouverture

Comme il est beau de voir courir sur les montagnes
le messager qui annonce la paix, le messager de la Bonne Nouvelle,
qui annonce le salut. (Is 52, 7)

Prière

Tu as voulu, Seigneur, que la prédication de saint François Xavier appelle à toi de nombreux peuples d'Orient ; accorde à tous les baptisés le même zèle pour la foi et fais que ton Église se réjouisse d'avoir, partout dans le monde, de nouveaux enfants. Par Jésus Christ... — ***Amen.***

Lecture

du livre du prophète Isaïe (26, 1-6)

« Elle entrera, la nation juste, qui se garde fidèle »

En ce jour-là, ce cantique sera chanté dans le pays de Juda : Nous avons une ville forte ! Le Seigneur a mis pour sauvegarde muraille et avant-mur. Ouvrez les portes ! Elle entrera, la nation juste, qui se garde fidèle. Immuable en ton dessein, tu préserves la paix, la paix de qui s'appuie sur toi. Prenez appui sur le Seigneur, à jamais, sur lui, le Seigneur, le Roc éternel. Il a rabaissé ceux qui siégeaient dans les hauteurs, il a humilié la cité inaccessible, l'a humiliée jusqu'à terre, et lui a fait mordre la poussière. Elle sera foulée aux pieds, sous le pied des pauvres, les pas des faibles. – Parole du Seigneur.

Psaume 117 (118)

℟ ***Béni soit au nom du Seigneur celui qui vient !***
OU
Alléluia !

Rendez grâce au Seigneur : Il est bon !
Éternel est son amour !
Mieux vaut s'appuyer sur le Seigneur
que de compter sur les hommes ! ℟

Ouvrez-moi les portes de justice :
j'entrerai, je rendrai grâce au Seigneur.
« C'est ici la porte du Seigneur :
qu'ils entrent, les justes ! » ℟

Je te rends grâce car tu m'as exaucé :
tu es pour moi le salut.
Donne, Seigneur, donne le salut !
Donne, Seigneur, donne la victoire ! ℟

Béni soit au nom du Seigneur
celui qui vient !
De la maison du Seigneur,
nous vous bénissons ! ℟

Acclamation de l'Évangile

Alléluia, Alléluia. Cherchez le Seigneur, tant qu'il se laisse trouver ; invoquez-le, tant qu'il est proche ! ***Alléluia.***

Évangile de Jésus Christ

selon saint Matthieu (7, 21. 24-27)

« Pour entrer dans le royaume des Cieux, il faut faire la volonté de mon Père »

En ce temps-là, Jésus disait à ses disciples : « Ce n'est pas en me disant : "Seigneur, Seigneur !" qu'on entrera dans le royaume des Cieux, mais c'est en faisant la volonté de mon Père qui est aux cieux. Ainsi, celui qui entend les paroles que je dis là et les met en pratique est comparable à un homme prévoyant qui a construit sa maison sur le roc. La pluie est tombée, les torrents ont dévalé, les vents ont soufflé et se sont abattus sur cette maison ; la maison ne s'est pas écroulée, car elle était fondée sur le roc.

« Et celui qui entend de moi ces paroles sans les mettre en pratique est comparable à un homme insensé qui a construit sa maison sur le sable. La pluie est tombée, les torrents ont dévalé, les vents ont soufflé, ils sont venus battre cette maison ; la maison s'est écroulée, et son écroulement a été complet. »

Prière sur les offrandes

Accepte les offrandes que nous t'apportons, Seigneur, en la fête de saint François Xavier : il fut entraîné vers les terres lointaines par sa passion pour le salut des hommes ; puissions-nous, à notre tour, nous comporter en témoins de l'Évangile pour nous hâter vers toi avec un grand nombre de frères. Par Jésus… — ***Amen.***

1re préface de l'Avent, p. 231.

JEUDI 3 DÉCEMBRE 2020

Antienne de la communion
« Allez dans le monde entier proclamer la Bonne Nouvelle, et moi, dit le Seigneur, je suis avec vous, tous les jours jusqu'à la fin des temps. »
(Mc 16, 15 ; Mt 28, 20)

Prière après la communion
Que cette eucharistie, Seigneur, allume en nous ce foyer d'amour où saint François se consumait pour le salut des âmes ; plus fidèles à notre vocation, nous pourrons obtenir avec lui le salaire promis aux bons ouvriers. Par Jésus… — ***Amen.***

INVITATION

Et si je relisais les antiennes et les prières de la mémoire de saint François Xavier ? Pourrais-je, à mon tour, me comporter en témoin de l'Évangile ?

COMMENTAIRE

Infusion quotidienne Matthieu 7, 21. 24-27

« Il ne suffit pas de me dire : "Seigneur, Seigneur !" pour entrer dans le royaume des Cieux. » Jésus nous connaît au-delà de nos apparences. À ses yeux, le véritable « pratiquant » est celui qui écoute sa parole et la laisse inspirer ses choix quotidiens. Cela permet de compter sur le Christ dans les moindres replis de nos jours. Nous pourrons affronter le doute et l'adversité avec courage et détermination. ■

***Père Jean-Paul Musangania**, assomptionniste*

Temps de l'Avent, *messe de la férie*
ou **saint Jean de Damas,** *voir p. 31*

Antienne d'ouverture

Voici que le Seigneur viendra.
Dans la lumière il vient, pour visiter son peuple,
pour lui donner la paix et la vie éternelle.

Prière

Déploie, Seigneur, ta puissance, et viens : puisque, dans le péril où nous mettent nos péchés, nous ne pouvons obtenir que de toi la délivrance et le salut. Par Jésus Christ… ***— Amen.***

Lecture

du livre du prophète Isaïe (29, 17-24)

« En ce jour-là, les yeux des aveugles verront »

Ainsi parle le Seigneur Dieu : Ne le savez-vous pas ? Encore un peu, très peu de temps, et le Liban se changera en verger, et le verger sera pareil à une forêt. Les sourds, en ce jour-là, entendront les paroles du livre. Quant aux aveugles, sortant de l'obscurité et des ténèbres, leurs yeux verront. Les humbles se réjouiront de plus en plus dans le Seigneur, les malheureux exulteront en Dieu, le Saint d'Israël. Car ce sera la fin des tyrans, l'extermination des moqueurs, et seront supprimés tous ceux qui s'empressent

à mal faire, ceux qui font condamner quelqu'un par leur témoignage, qui faussent les débats du tribunal et sans raison font débouter l'innocent. C'est pourquoi le Seigneur, lui qui a libéré Abraham, parle ainsi à la maison de Jacob : « Désormais Jacob n'aura plus de honte, son visage ne pâlira plus ; car, quand il verra chez lui ses enfants, l'œuvre de mes mains, il sanctifiera mon nom, il sanctifiera le Dieu saint de Jacob, il tremblera devant le Dieu d'Israël. Les esprits égarés découvriront l'intelligence, et les récalcitrants accepteront qu'on les instruise. »
– Parole du Seigneur.

Psaume 26 (27)

℟ ***Le Seigneur est ma lumière et mon salut.***

Le Seigneur est ma lumière et mon salut ;
de qui aurais-je crainte ?
Le Seigneur est le rempart de ma vie ;
devant qui tremblerais-je ? ℟

J'ai demandé une chose au Seigneur,
la seule que je cherche :
habiter la maison du Seigneur
tous les jours de ma vie. ℟

J'en suis sûr, je verrai les bontés
du Seigneur
sur la terre des vivants.
« Espère le Seigneur, sois fort
et prends courage ;
espère le Seigneur. » ℟

Acclamation de l'Évangile

Alléluia, Alléluia. Voici qu'il vient avec puissance, notre Seigneur, pour éclairer les yeux de ses serviteurs. ***Alléluia.***

Évangile de Jésus Christ

selon saint Matthieu (9, 27-31)

Croyant en Jésus, deux aveugles sont guéris

En ce temps-là, Jésus était en route ; deux aveugles le suivirent, en criant : « Prends pitié de nous, fils de David ! » Quand il fut entré dans la maison, les aveugles s'approchèrent de lui, et Jésus leur dit : « Croyez-vous que je peux faire cela ? » Ils lui répondirent : « Oui, Seigneur. » Alors il leur toucha les yeux, en disant : « Que tout se passe pour vous selon votre foi ! » Leurs yeux s'ouvrirent, et Jésus leur dit avec fermeté : « Attention ! que personne ne le sache ! » Mais, une fois sortis, ils parlèrent de lui dans toute la région.

Prière sur les offrandes

Laisse-toi fléchir, Seigneur, par nos prières et nos pauvres offrandes ; nous ne pouvons pas invoquer nos mérites, viens par ta grâce à notre secours. Par Jésus…
— Amen.

1re préface de l'Avent, p. 231.

Antienne de la communion

Nous attendons notre Sauveur, le Seigneur Jésus Christ, lui qui transformera nos pauvres corps à l'image de son corps glorieux. (Ph 3, 20-21)

Prière après la communion

Pleins de reconnaissance pour cette eucharistie, nous te prions encore, Seigneur : apprends-nous, dans la communion à ce mystère, le vrai sens des choses de ce monde et l'amour des biens éternels. Par Jésus… ***— Amen.***

INVITATION

Quelle est la lumière qui éclaire mes pas ? Je prends un quart d'heure pour méditer le psaume de ce jour.

COMMENTAIRE

Récompense de la persévérance Matthieu 9, 27-31

« Aie pitié de nous, fils de David ! » Jésus se laisse toucher par la supplication de deux aveugles. Il se laisse surprendre par l'audace, la confiance et l'insistance de ces deux personnes qui comptent pour rien dans la société. Il en est de même pour nous tous. Chaque jour, dès lors que nous insistons et persévérons, le plus doux des enfants des hommes se laisse émouvoir par nos appels, il poursuit en nos vies son œuvre de guérison. ■

Père Jean-Paul Musangania, *assomptionniste*

Saint Jean de Damas

Couleur liturgique : blanc

Vers 675-749. L'un des plus grands théologiens d'Orient. Il lutta contre les iconoclastes et eut une activité littéraire considérable. Proclamé docteur de l'Église en 1890.

Antienne d'ouverture

Dans son Église, le Seigneur a donné
la parole à saint Jean de Damas ;
il l'a rempli de l'esprit de sagesse
et d'intelligence,
et l'a revêtu de gloire.
(Si 15, 5)

Prière

Accorde-nous, Seigneur, de trouver un appui dans les prières de saint Jean de Damas : que la vraie foi, dont il fut un maître éminent, soit toujours notre force et notre lumière. Par Jésus Christ… ***— Amen.***

Prière sur les offrandes

Daigne accepter, Seigneur, ce sacrifice que nous te présentons de grand cœur en la fête de saint Jean de Damas ; fidèles à son enseignement, nous voulons nous offrir tout entiers en célébrant cette eucharistie. Par Jésus… ***— Amen.***

1re préface de l'Avent, p. 231.

Antienne de la communion

Voici l'intendant fidèle et sensé
que le Maître a placé à la tête
de ses serviteurs, pour leur donner
en temps voulu leur part de blé.
(Luc 12, 42)

Prière après la communion

Ceux que tu fortifies, Seigneur, par le pain vivant, forme-les aussi par l'enseignement du Christ, pour qu'à l'exemple de saint Jean de Damas, ils connaissent ta vérité et en vivent dans ton amour. Par Jésus… ***— Amen.***

SAMEDI 5 DÉCEMBRE 2020

1RE SEMAINE DE L'AVENT COULEUR LITURGIQUE : VIOLET

Temps de l'Avent, *messe de la férie*

Antienne d'ouverture

Viens, Seigneur, montre-nous ton visage,
et nous serons sauvés. (Ps 79, 4. 2)

Prière

Dieu qui as envoyé ton Fils unique dans ce monde pour libérer l'homme de son péché ; accorde à ceux qui t'appellent du fond du cœur d'être vraiment libres pour t'aimer. Par Jésus Christ… ***— Amen.***

Lecture

du livre du prophète Isaïe (30, 19-21. 23-26)

« Le Seigneur te fera grâce. Dès qu'il t'aura entendu, il te répondra »

Ainsi parle le Seigneur, le Dieu saint d'Israël : Peuple de Sion, toi qui habites Jérusalem, tu ne pleureras jamais plus. À l'appel de ton cri, le Seigneur te fera grâce. Dès qu'il t'aura entendu, il te répondra. Le Seigneur te donnera du pain dans la détresse, et de l'eau dans l'épreuve. Celui qui t'instruit ne se dérobera plus et tes yeux le verront. Tes oreilles entendront derrière toi une parole : « Voici le chemin, prends-le ! », et cela, que tu ailles à droite ou à gauche. Le Seigneur te donnera la pluie pour la semence que tu auras jetée en terre, et le pain que produira la terre sera riche et nourrissant. Ton bétail ira paître, ce jour-là, sur de vastes pâturages. Les bœufs et les ânes qui travaillent dans les champs mangeront un fourrage salé, étalé avec la pelle et la fourche. Sur toute haute montagne, sur toute colline élevée couleront des ruisseaux, au jour du grand massacre, quand tomberont les tours de défense. La lune brillera comme le soleil, le soleil brillera sept fois plus, – autant que sept jours de lumière – le jour où le Seigneur pansera les plaies de son peuple et guérira ses meurtrissures.

– Parole du Seigneur.

Psaume 146 (147A)

℟ ***Heureux tous ceux qui attendent le Seigneur !***
OU ***Alléluia !***

Il est bon de fêter notre Dieu,
il est beau de chanter sa louange !
Le Seigneur rebâtit Jérusalem,
il rassemble les déportés d'Israël. ℟

Il guérit les cœurs brisés
et soigne leurs blessures.
Il compte le nombre des étoiles,
il donne à chacune un nom. ℟

Il est grand, il est fort, notre Maître :
nul n'a mesuré son intelligence.
Le Seigneur élève les humbles
et rabaisse jusqu'à terre les impies. ℟

Acclamation de l'Évangile

Alléluia, Alléluia. Le Seigneur est notre juge, il nous donne des lois, le Seigneur est notre roi : c'est lui qui nous sauve. ***Alléluia.***

Évangile de Jésus Christ

selon saint Matthieu (9, 35 – 10, 1. 5a. 6-8)

« Voyant les foules, Jésus fut saisi de compassion »

En ce temps-là, Jésus parcourait toutes les villes et tous les villages, enseignant dans leurs synagogues, proclamant l'Évangile du Royaume et guérissant toute maladie et toute infirmité. Voyant les foules, Jésus fut saisi de compassion envers elles parce qu'elles étaient désemparées et abattues comme des brebis sans berger. Il dit alors à ses disciples : « La moisson est abondante, mais les ouvriers sont peu nombreux. Priez donc le maître de la moisson d'envoyer des ouvriers pour sa moisson. » Alors Jésus appela ses douze disciples et leur donna le pouvoir d'expulser les esprits impurs et de guérir toute maladie et toute infirmité. Ces douze, Jésus les envoya en mission avec les instructions suivantes : « Allez vers les brebis perdues de la maison d'Israël. Sur votre route, proclamez que le royaume des Cieux est tout proche. Guérissez les malades, ressuscitez les morts, purifiez les lépreux, expulsez les démons. Vous avez reçu gratuitement : donnez gratuitement. »

Prière sur les offrandes

Permets, Seigneur, que le sacrifice de nos eucharisties te soit toujours offert dans ton Église, pour accomplir le sacrement que tu nous as donné et pour réaliser la merveille de notre salut. Par Jésus…

— Amen.

1re préface de l'Avent, p. 231.

Antienne de la communion

« Voici que je viens sans tarder, dit le Seigneur, et j'apporte avec moi le salaire que je vais donner à chacun selon ce qu'il aura fait. » (Ap 22, 12)

Prière après la communion

Seigneur notre Dieu, nous attendons de ta miséricorde que cette nourriture prise à ton autel nous empêche de céder à nos penchants mauvais et nous prépare aux fêtes qui approchent. Par Jésus… ***— Amen.***

INVITATION

Suis-je prêt à témoigner du sens chrétien de Noël autour de moi ?

COMMENTAIRE

Moisson missionnaire — Matthieu 9, 35 – 10, 1. 5a. 6-8

« La moisson est abondante, mais les ouvriers sont peu nombreux. » L'urgence missionnaire incombe à tous. « Faute d'ouvriers pourrit la moisson », déplorait saint François Xavier (que nous avons fêté ce jeudi). Jésus encourage les Apôtres à transmettre l'Évangile aux brebis perdues de la maison d'Israël. Mais porter la Bonne Nouvelle n'est pas de tout repos, loin de là. Elle exige pour chacun don de soi, courage et patience. À terme, quel bonheur ! ■

***Père Jean-Paul Musangania**, assomptionniste*

DIMANCHE 6 DÉCEMBRE 2020

2E DIMANCHE DE L'AVENT

ANNÉE B COULEUR LITURGIQUE : VIOLET

© Evelyne Mary

En ce temps de l'Avent, la parole de Dieu nous invite à l'espérance. Dieu nous promet la consolation et la justice. Il marche avec son peuple et aplanit sa route. À nous de lui répondre et d'accepter de cheminer en sa présence en vivant la conversion du cœur. À nous d'accueillir ainsi le ciel nouveau et la terre nouvelle qu'il nous offre.

OUVERTURE DE LA CÉLÉBRATION

Chant d'entrée *(Suggestions p. 254)*

OU

Antienne d'ouverture

Peuple de Dieu, voici que le Seigneur va venir
pour sauver tous les hommes. Le Seigneur fera retentir sa parole
pour la joie de votre cœur. (cf. Is 30, 19. 30)

Suggestion de préparation pénitentielle *(ou p. 225)*

Tournons-nous vers le Seigneur de miséricorde qui nous ouvre un nouveau chemin.

Seigneur Jésus, tu t'avances pour recevoir un baptême de conversion, béni sois-tu et prends pitié de nous.

— Béni sois-tu et prends pitié de nous.

Ô Christ, tu prends sur toi le salut du monde, béni sois-tu et prends pitié de nous.

— Béni sois-tu et prends pitié de nous.

Seigneur, tu consoles ton peuple et lui donnes la paix, béni sois-tu et prends pitié de nous.

— Béni sois-tu et prends pitié de nous.

Que Dieu tout-puissant nous fasse miséricorde ; qu'il nous pardonne nos péchés et nous conduise à la vie éternelle.

— Amen.

Pendant l'Avent, on omet le Gloire à Dieu.

Prière

Seigneur tout-puissant et miséricordieux, ne laisse pas le souci de nos tâches présentes entraver notre marche à la rencontre de ton Fils ; mais éveille en nous cette intelligence du cœur qui nous prépare à l'accueillir et nous fait entrer dans sa propre vie. Lui qui… ***— Amen.***

LITURGIE DE LA PAROLE

Lecture du livre du prophète Isaïe (40, 1-5. 9-11)

« Préparez le chemin du Seigneur »

Consolez, consolez mon peuple, – dit votre Dieu – parlez au cœur de Jérusalem. Proclamez que son service est accompli, que son crime est expié, qu'elle a reçu de la main du Seigneur le double pour toutes ses fautes. Une voix proclame : « Dans le désert, préparez le chemin du Seigneur ; tracez droit, dans les terres arides, une route pour notre Dieu. Que tout ravin soit comblé, toute montagne et toute colline abaissées ! que les escarpements se changent en plaine, et les sommets, en large vallée ! Alors se révélera la gloire du Seigneur, et tout être de chair verra que la bouche du Seigneur a parlé. » Monte sur une haute montagne, toi qui portes la bonne nouvelle à Sion. Élève la voix avec force, toi qui portes la bonne nouvelle à Jérusalem. Élève la voix, ne crains pas. Dis aux villes de Juda : « Voici votre Dieu ! » Voici le Seigneur Dieu ! Il vient avec puissance ; son bras lui soumet tout. Voici le fruit de son travail avec lui, et devant lui, son ouvrage. Comme un berger, il fait paître son troupeau : son bras rassemble les agneaux, il les porte sur son cœur, il mène les brebis qui allaitent. – Parole du Seigneur.

Psaume 84 (85)

℟ ***Fais-nous voir, Seigneur, ton amour, et donne-nous ton salut.***

T. : AELF ; M. : J.-P. Lécot ; Éd. : ADF.

J'écoute : que dira le Seigneur Dieu ?
Ce qu'il dit, c'est la paix pour son peuple et ses fidèles.
Son salut est proche de ceux qui le craignent,
et la gloire habitera notre terre. ℟

℟ ***Fais-nous voir, Seigneur, ton amour, et donne-nous ton salut.***

Amour et vérité se rencontrent,
justice et paix s'embrassent ;
la vérité germera de la terre
et du ciel se penchera la justice. ℟

Le Seigneur donnera ses bienfaits,
et notre terre donnera son fruit.
La justice marchera devant lui,
et ses pas traceront le chemin. ℟

Retrouvez ce psaume sur le CD "Les psaumes de l'année B"

Lecture de la deuxième lettre de saint Pierre apôtre (3, 8-14)

« Ce que nous attendons, c'est un ciel nouveau et une terre nouvelle »

Bien-aimés, il est une chose qui ne doit pas vous échapper : pour le Seigneur, un seul jour est comme mille ans, et mille ans sont comme un seul jour. Le Seigneur ne tarde pas à tenir sa promesse, alors que certains prétendent qu'il a du retard. Au contraire, il prend patience envers vous, car il ne veut pas en laisser quelques-uns se perdre, mais il veut que tous parviennent à la conversion. Cependant le jour du Seigneur viendra, comme un voleur. Alors les cieux disparaîtront avec fracas, les éléments embrasés seront dissous, la terre, avec tout ce qu'on a fait ici-bas, ne pourra y échapper. Ainsi, puisque tout cela est en voie de dissolution, vous voyez quels

hommes vous devez être, en vivant dans la sainteté et la piété, vous qui attendez, vous qui hâtez l'avènement du jour de Dieu, ce jour où les cieux enflammés seront dissous, où les éléments embrasés seront en fusion. Car ce que nous attendons, selon la promesse du Seigneur, c'est un ciel nouveau et une terre nouvelle où résidera la justice. C'est pourquoi, bien-aimés, en attendant cela, faites tout pour qu'on vous trouve sans tache ni défaut, dans la paix.
– Parole du Seigneur.

Acclamation de l'Évangile

Alléluia. Alléluia. Préparez le chemin du Seigneur, rendez droits ses sentiers : tout être vivant verra le salut de Dieu. ***Alléluia.***

U 63-87; M. : P. Robert; Bayard.

Évangile de Jésus Christ selon saint Marc (1, 1-8)

Rendez droits les sentiers du Seigneur

Commencement de l'Évangile de Jésus, Christ, Fils de Dieu. Il est écrit dans Isaïe, le prophète : *Voici que j'envoie mon messager en avant de toi, pour ouvrir ton chemin. Voix de celui qui crie dans le désert : Préparez le chemin du Seigneur, rendez droits ses sentiers.* Alors Jean, celui qui baptisait, parut dans le désert. Il proclamait un baptême de conversion pour le pardon des péchés.

Toute la Judée, tous les habitants de Jérusalem se rendaient auprès de lui, et ils étaient baptisés par lui dans le Jourdain, en reconnaissant publiquement leurs péchés. Jean était vêtu de poil de chameau, avec une ceinture de cuir autour des reins ; il se nourrissait de sauterelles et de miel sauvage. Il proclamait : « Voici venir derrière moi celui qui est plus fort que moi ; je ne suis pas digne de m'abaisser pour défaire la courroie de ses sandales. Moi, je vous ai baptisés avec de l'eau ; lui vous baptisera dans l'Esprit Saint. »

Homélie

Profession de foi *(p. 227)*

Suggestion de prière universelle

Le prêtre :

Adressons notre prière à Dieu, le Père, qui console son peuple en tout temps :

℟ ***Entends nos prières, entends nos voix,***
entends nos prières monter vers toi.

G 112 SM ; T. : J. Debruynne/R. Fau ; M. : R. Fau.

Le diacre ou un lecteur :

Pour celles et ceux qui entendent un appel intérieur à la conversion sans arriver à y répondre, Seigneur, nous te prions. ℟

Pour les peuples qui subissent l'injustice et l'oppression des puissants, Seigneur, nous te prions.

Pour les travailleurs sociaux qui ont une mission d'accompagnement des plus pauvres, Seigneur, nous te prions. ℟

Pour notre communauté appelée à prendre part à la mission de consolation de l'Église, Seigneur, nous te prions. ℟

Pour que la relation des chrétiens à Jésus Christ soit nourrie de la parole de Dieu et par une vie de prière, Seigneur, avec le pape François, nous te prions. ℟

(Ces intentions seront adaptées ou modifiées selon les circonstances.)

Le prêtre :

Père, qui prends soin de ton peuple comme un berger prend soin de son troupeau, exauce nos prières, par Jésus le Christ, notre Seigneur. ***– Amen.***

LITURGIE EUCHARISTIQUE

Prière sur les offrandes

Laisse-toi fléchir, Seigneur, par nos prières et nos pauvres offrandes ; nous ne pouvons pas invoquer nos mérites, viens par ta grâce à notre secours. Par Jésus… ***– Amen.***

Prière eucharistique *(1re préface de l'Avent, p. 231)*

Chant de communion *(Suggestions p. 254)*

OU

Antienne de la communion

Lève-toi, Jérusalem, tiens-toi sur la hauteur,
et contemple la joie qui te vient de ton Dieu.
(Ba 5, 5 ; 4, 36)

Prière après la communion

Pleins de reconnaissance pour cette eucharistie, nous te prions encore, Seigneur : apprends-nous, dans la communion à ce mystère, le vrai sens des choses de ce monde et l'amour des biens éternels. Par Jésus… ***– Amen.***

CONCLUSION DE LA CÉLÉBRATION

Bénédiction solennelle

Vous croyez que le Fils de Dieu est venu dans ce monde, et vous attendez le jour où il viendra de nouveau ; à la clarté de cette lumière qui lève, que Dieu son Père vous guide en toutes vos démarches et qu'il multiplie sur vous ses bénédictions. ***– Amen.***

Qu'il rende ferme votre foi, joyeuse votre espérance, et constante votre charité. ***– Amen.***

La venue du Rédempteur pauvre parmi les pauvres est déjà pour vous une grande joie ; quand il apparaîtra dans toute sa gloire, qu'il vous ouvre le bonheur sans fin. ***– Amen.***

Et que Dieu tout-puissant vous bénisse, le Père, et le Fils ✠ et le Saint-Esprit.
– Amen.

Envoi

COMMENTAIRE DU DIMANCHE

Marie-Dominique Trébuchet, directrice de l'IER
(Institut catholique de Paris)

Peuple de baptisés, Église du Seigneur

Jean baptisait et nombreux étaient ceux qui venaient à lui dans une démarche de pardon, sur un chemin les menant de la prise de conscience de la faute commise à la reconnaissance du péché dont ils étaient lavés, purifiés. Venaient à Jean les assoiffés de vérité et de pardon, tous les habitants, écrit l'évangéliste. Ils répondaient à l'appel de la conversion, désireux de changer de route. En leur cœur, déjà le désir de changer faisait naître à une vie nouvelle.

Mais on apprend de la bouche-même de Jean qu'un autre monde s'inaugure avec Jésus. Tout l'Évangile en est la proclamation : ce monde est celui du salut que Jésus réalise pleinement dans le don de lui-même. Ce que Jean annonçait déjà à tous, Jésus le réalise dans et par sa vie offerte et le baptême nous y plonge.

Comprenons ce message : baptisés, nous ne sommes pas seulement pardonnés individuellement, nous sommes intégrés, insérés dans un corps sauvé. Le pape François le rappelle dans sa *Lettre aux laïcs, messagers de l'Évangile* : l'Esprit Saint met la grâce baptismale dans le cœur du peuple que nous formons aujourd'hui, nous « le saint peuple fidèle de Dieu ». Nous comprenons que l'agent « plus fort », celui qui sépare (et relie aussi) Jean et Jésus, est l'Esprit. Il fait de nous un peuple dont tout baptisé est participant et responsable. Là est notre identité, là réside toute notre histoire.

Que représente le sacrement du baptême dans ma vie de chrétien ? Me donne-t-il la force d'évangéliser ?

Comment m'y ressourcer pour me sentir vraiment membre du peuple qu'est l'Église ? ■

LIRE L'ÉVANGILE AVEC LES ENFANTS

CE QUE JE DÉCOUVRE

Au début d'une histoire, il arrive
toujours un événement nouveau.
Ici, c'est la venue de Jésus.
Jean Baptiste prépare cette venue,
il est le messager de Dieu, il ouvre le chemin,
il trace les sentiers.
Jésus vient dans le monde et pour le recevoir, il est nécessaire de se convertir.
C'est-à-dire d'orienter son cœur
et toute sa vie vers le Seigneur.

CE QUE JE VIS

As-tu installé une crèche dans ta maison ?
Comment est-elle ?
Parles-tu de Jésus à tes amis ?
Imagine un dialogue entre les personnages de ta crèche au sujet du bébé qui va naître.

Texte : Karem Bustica. Illustrations : Marcelino Truong

MÉDITATION BIBLIQUE
2E DIMANCHE DE L'AVENT
Psaume 84 (85)

L'amour, indispensable vérité

Les psaumes sont des fenêtres sur nos vies. À leur écoute, nous devenons plus humains.

Le temps de la préparation

« Monte sur une haute montagne, toi qui portes la bonne nouvelle à Sion » (Is 40, 9).

Le temps de l'observation

Comment décrire le moment de Dieu ? Comment mettre des mots pour dire la paix qui émane de lui ? Le psalmiste tente de décrire ce qu'il en est. « Amour et vérité se rencontrent, justice et paix s'embrassent. » (Ps 84 [85], 11). Le royaume de Dieu est cet état où se rencontrent et coexistent des dimensions fortes et potentiellement contradictoires de notre humanité. La vérité est indispensable à la relation avec les autres et avec soi-même. À travers elle, un regard lucide et exigeant est posé sur la réalité. Toutefois laisser la vérité seule, c'est risquer de découper le •••

...monde, de le juger, de le ranger sous une étiquette immuable. L'amour est cette énergie qui donne du sens, pardonne, comprend et relève. C'est lui qui redonne confiance et permet d'avancer. Mais laissé seul, il risque d'être fourvoyé ou manipulé. Sous le regard de Dieu, les deux vont de pair, simplement, facilement, sans concurrence ni contradiction.

Le temps de la méditation

En quelques mots, le psalmiste nous livre un enseignement spirituel majeur. La vérité sans l'amour constitue une solitude dangereuse. Celui qui a construit la vérité sur un sujet ou une personne détient une force et une assurance qui est potentiellement source de dégâts. Une telle attitude risquerait de durcir les regards, de rendre les gens hautains, de donner à voir le monde qu'à partir de ce que l'on sait de lui, de basculer ainsi très vite dans la toute-puissance. Le savoir peut être destructeur si c'est le seul critère de notre vie ! Ainsi, Dieu ne nous propose pas d'acquérir la vérité pour la vérité. Quand l'amour rencontre la vérité, tout change radicalement ! Ce que l'on sait des personnes ou de soi-même ne sert pas à détruire ou à juger. L'amour redonne une chance, il est patient, il ne juge pas, « il trouve sa joie dans ce qui est vrai » (1 Co 13, 6). C'est alors que la vie redevient possible.

Le temps de la prière

« J'écoute : que dira
le Seigneur Dieu ?
Ce qu'il dit, c'est la paix
pour son peuple et ses fidèles »
Ps 84 (85), 9. ■

Marie-Laure Durand, bibliste

***Une prière** de Normand Provencher, pour ce dimanche*

Merci, Dieu de la nouveauté

Merci, Seigneur pour cet avenir meilleur,
pour cette joyeuse nouvelle que tu ne cesses de nous rappeler
par les prophètes d'hier et d'aujourd'hui.
Seigneur Dieu, toujours fidèle et patient,
nous te remercions de nous accorder le temps nécessaire
pour que nos espoirs rejoignent tes attentes.
Tu es fidèle à ta promesse inouïe de nous accorder
un ciel nouveau et une terre nouvelle,
en Jésus, ton Fils unique, ta parole vivante.
Seigneur Dieu, source de toute nouveauté,
nous te remercions de nous proposer de préparer avec toi
le chemin de la venue de Jésus parmi nous.
Plonge-nous tout entiers dans ton Esprit,
toi, le Dieu des commencements et de la nouveauté,
et donne-nous des cœurs généreux et ouverts,
adaptés à l'avenir que tu nous prépares. Amen.

PARTAGE BIBLIQUE

Environ 45 minutes

Une Bible ou Prions en Église, *pages 38-39*

LA CONSOLATION D'ISRAËL (IS 40, 1-5. 9-11)

Lire

Nous lisons ce passage du prophète Isaïe, du verset 1 au verset 11.

Comprendre le texte

Les chapitres 40 à 55 du livre du prophète Isaïe forment le livre de la consolation d'Israël qui débute par l'invitation : « Consolez, consolez mon peuple. » Le Seigneur est l'auteur de cette consolation qui se traduit par la fin du temps de l'Exil à Babylone durant lequel Israël expiait ses fautes. Auparavant, il faut tracer une route, non pour le peuple qui va rentrer d'exil, mais pour le Seigneur qui vient au secours de son peuple, comme il était venu habiter, plein de gloire, auprès des déportés au début de leur captivité. Alors, tout être de chair sera le témoin de l'action du Seigneur qui va libérer son peuple. Cette promesse du retour est-elle fiable ? Le prophète est incité par Dieu à faire une proclamation qui confirme la promesse : à la différence des puissances humaines qui ne durent pas, semblables à l'herbe des champs, la parole de Dieu demeure stable et efficace. En conséquence, cette bonne nouvelle (le terme hébreu est traduit par « évangéliser » dans la traduction grecque) peut être proclamée avec assurance : « Voici votre Dieu ! » Sa puissance se manifestera dans la douceur avec laquelle il rassemblera les agneaux de son peuple pour les porter sur son cœur.

Partager

- Quelle bonne nouvelle reçois-je pour moi à travers cette prophétie ?
- Au terme de cette année particulière, comment me situe-je face à ce texte ? En exil, découragé ou commençant à me relever ? En route vers la vie en plénitude ? Engagé pour témoigner ?
- Comment suis-je, à mon tour, porteur de bonne nouvelle de la part de Dieu ?
- Quelle espérance perçois-je dans cette parole pour mes semblables ?

Prier

Nourrissons notre méditation par le beau chant du père Joseph Gelineau : *Préparez les chemins du Seigneur* (E 13-95). ■

Père Sylvain Gasser,
assomptionniste

LUNDI 7 DÉCEMBRE 2020

2E SEMAINE DE L'AVENT COULEUR LITURGIQUE : BLANC

Saint Ambroise

340-397. Évêque de Milan, conseiller intransigeant de l'empereur Théodose, il joua un rôle capital dans la conversion de saint Augustin. Docteur de l'Église.

Antienne d'ouverture

Ainsi parle le Seigneur Dieu : « Je me susciterai un prêtre fidèle, qui agira selon mon cœur et mon désir. » (1 S 2 ; 35)

Prière

Seigneur, tu as fait de saint Ambroise un docteur de la foi catholique et un courageux successeur des Apôtres ; suscite en ton Église des hommes selon ton cœur, capables de la gouverner avec force et sagesse. Par Jésus Christ… ***— Amen.***

Lecture

du livre du prophète Isaïe (35, 1-10)

« Dieu vient lui-même et va vous sauver »

Le désert et la terre de la soif, qu'ils se réjouissent ! Le pays aride, qu'il exulte et fleurisse comme la rose, qu'il se couvre de fleurs des champs, qu'il exulte et crie de joie ! La gloire du Liban lui est donnée, la splendeur du Carmel et du Sarone. On verra la gloire du Seigneur, la splendeur de notre Dieu. Fortifiez les mains défaillantes, affermissez les genoux qui fléchissent, dites aux gens qui s'affolent : « Soyez forts, ne craignez pas. Voici votre Dieu : c'est la vengeance qui vient, la revanche de Dieu. Il vient lui-même et va vous sauver. » Alors se dessilleront les yeux des aveugles,

et s'ouvriront les oreilles des sourds. Alors le boiteux bondira comme un cerf, et la bouche du muet criera de joie ; car l'eau jaillira dans le désert, des torrents dans le pays aride. La terre brûlante se changera en lac, la région de la soif, en eaux jaillissantes. Dans le séjour où gîtent les chacals, l'herbe deviendra des roseaux et des joncs. Là, il y aura une chaussée, une voie qu'on appellera la Voie sacrée. L'homme impur n'y passera pas – il suit sa propre voie – et les insensés ne viendront pas s'y égarer. Là, il n'y aura pas de lion, aucune bête féroce ne surgira, il ne s'en trouvera pas ; mais les rachetés y marcheront. Ceux qu'a libérés le Seigneur reviennent, ils entrent dans Sion avec des cris de fête, couronnés de l'éternelle joie. Allégresse et joie les rejoindront, douleur et plainte s'enfuient. – Parole du Seigneur.

Psaume 84 (85)

℟ ***Voici notre Dieu qui vient nous sauver.***

J'écoute : que dira le Seigneur Dieu ?
Ce qu'il dit, c'est la paix pour son peuple et ses fidèles.
Son salut est proche de ceux qui le craignent,
et la gloire habitera notre terre. ℟

Amour et vérité se rencontrent,
justice et paix s'embrassent ;
la vérité germera de la terre
et du ciel se penchera la justice. ℟

Le Seigneur donnera ses bienfaits,
et notre terre donnera son fruit.
La justice marchera devant lui,
et ses pas traceront le chemin. ℟

Acclamation de l'Évangile

Alléluia. Alléluia. Il va venir, le Roi, le Maître de la terre ; il ôtera nos liens, il nous délivrera. ***Alléluia.***

Évangile de Jésus Christ

selon saint Luc (5, 17-26)

« Nous avons vu des choses extraordinaires aujourd'hui ! »

Un jour que Jésus enseignait, il y avait dans l'assistance des pharisiens et des docteurs de la Loi, venus de tous les villages de Galilée et de Judée, ainsi que de Jérusalem ; et la puissance du Seigneur était à l'œuvre pour lui faire opérer des guérisons. Arrivent des gens, portant sur une civière un homme qui était paralysé ; ils cherchaient à le faire entrer pour le placer devant Jésus. Mais, ne voyant pas comment faire à cause de la foule, ils montèrent sur le toit et, en écartant les tuiles, ils le firent descendre avec sa civière en plein milieu devant Jésus. Voyant leur foi*, il dit : « Homme, tes péchés te sont pardonnés. » Les scribes et les pharisiens se mirent à raisonner : « Qui est-il celui-là ? Il dit des blasphèmes ! Qui donc peut pardonner les péchés, sinon Dieu seul ? » Mais Jésus, saisissant leurs pensées, leur répondit : « Pourquoi ces pensées dans vos cœurs ? Qu'est-ce qui est le plus facile ? Dire : "Tes péchés te sont pardonnés", ou dire : "Lève-toi et marche" ? Eh bien ! Afin que vous sachiez que le Fils de l'homme a autorité sur la terre pour pardonner les péchés, – Jésus s'adressa à celui qui était paralysé – je te le dis, lève-toi, prends ta civière et retourne dans ta maison. » À l'instant même, celui-ci

se releva devant eux, il prit ce qui lui servait de lit et s'en alla dans sa maison en rendant gloire à Dieu. Tous furent saisis de stupeur et ils rendaient gloire à Dieu. Remplis de crainte, ils disaient : « Nous avons vu des choses extraordinaires aujourd'hui ! »

Prière sur les offrandes

Que ton Esprit, Seigneur notre Dieu, nous donne, dans cette eucharistie, la lumière de la foi qui éclairait saint Ambroise quand il annonçait ta gloire à son peuple. Par Jésus… ***— Amen.***

1re préface de l'Avent, p. 231.

Antienne de la communion

Le bon pasteur, le vrai berger,
donne sa vie pour ses brebis.
(Jn 10, 11)

Prière après la communion

Puisque tu nous as réconfortés, Seigneur, par cette communion, fais-nous si bien profiter des leçons de saint Ambroise que notre énergie à suivre tes chemins nous prépare aux joies du festin éternel. Par Jésus… ***— Amen.***

INVITATION

Et si je relisais l'encyclique *Redemptoris Missio* publiée par Jean-Paul II il y a 30 ans (7 décembre 1990), le § 11 par exemple ?
Je peux la retrouver sur www.prionseneglise.fr/RM

COMMENTAIRE

Un regard émerveillé

Luc 5, 17-26

« Nous avons vu des choses extraordinaires aujourd'hui ! » s'exclament les témoins de la guérison d'un homme paralysé à qui Jésus a pardonné ses péchés. Si nous avions un regard de foi qui perce les apparences pour atteindre la réalité, à notre tour, nous pourrions pousser le même cri émerveillé. Écouter Dieu nous parler à travers la Création et les Écritures, recevoir son corps, se reconnaître enfants d'un même Père, n'est-ce pas prodigieux ? ■

Sœur Bénédicte de la Croix, cistercienne

❊ CLÉ DE LECTURE

« Voyant leur foi »

Luc 5, 20 *(p. 56)*

On ne s'arrête pas assez à cette étrangeté du récit : la foi que Jésus voit est celle des amis qui, pour amener le malade devant lui, sont sortis de l'impasse par le haut en soulevant quelques tuiles et en descendant le paralysé par le trou. Et Jésus de reconnaître et d'admirer leur confiance inventive qui va sauver leur ami. Car, grâce à leur foi, le paralysé verra ses péchés pardonnés et son handicap physique supprimé : la vie lui sera rendue, une vie réconciliée, qui a été portée par la foi des autres. La leçon est forte : nous sommes remis debout, physiquement et moralement, par le courage, le souci et la foi de ceux qui nous entourent, des soignants, des proches, des amis, de ceux qui croient en nous et dans une guérison possible ! ■

Roselyne Dupont-Roc, bibliste

MARDI 8 DÉCEMBRE 2020

COULEUR LITURGIQUE : BLANC

Immaculée Conception de la Vierge Marie

6 - 12

Antienne d'ouverture

Je tressaille de joie dans le Seigneur, mon âme exulte en mon Dieu. Car il m'a enveloppée du manteau de l'innocence, et m'a fait revêtir les vêtements du salut, comme une épouse parée de ses bijoux. (Is 61, 10)

Gloire à Dieu (p. 226)

Prière

Seigneur, tu as préparé à ton Fils une demeure digne de lui par la conception immaculée de la Vierge ; puisque tu l'as préservée de tout péché par une grâce venant déjà de la mort de ton Fils, accorde-nous, à l'intercession de cette Mère très pure, de parvenir jusqu'à toi purifiés, nous aussi, de tout mal. Par Jésus Christ… ***— Amen.***

Lectures propres à la solennité de l'Immaculée Conception

Lecture

du livre de la Genèse (3, 9-15. 20)

« Je mettrai une hostilité entre ta descendance et la descendance de la femme »

Quand Adam eut mangé du fruit de l'arbre, le Seigneur Dieu l'appela et lui dit : « Où es-tu donc ? » Il répondit : « J'ai entendu ta voix dans le jardin, j'ai pris peur parce que je suis nu, et je me suis caché. » Le

Seigneur reprit : « Qui donc t'a dit que tu étais nu ? Aurais-tu mangé de l'arbre dont je t'avais interdit de manger ? » L'homme répondit : « La femme que tu m'as donnée, c'est elle qui m'a donné du fruit de l'arbre, et j'en ai mangé. » Le Seigneur Dieu dit à la femme : « Qu'as-tu fait là ? » La femme répondit : « Le serpent m'a trompée, et j'ai mangé. » Alors le Seigneur Dieu dit au serpent : « Parce que tu as fait cela, tu seras maudit parmi tous les animaux et toutes les bêtes des champs. Tu ramperas sur le ventre et tu mangeras de la poussière tous les jours de ta vie. Je mettrai une hostilité entre toi et la femme, entre ta descendance et sa descendance : celle-ci te meurtrira la tête, et toi, tu lui meurtriras le talon. » L'homme appela sa femme Ève (c'est-à-dire : la vivante), parce qu'elle fut la mère de tous les vivants.

– Parole du Seigneur.

Psaume 97 (98)

℟ ***Chantez au Seigneur un chant nouveau, car il a fait des merveilles.***

Chantez au Seigneur un chant nouveau,
car il a fait des merveilles ;
par son bras très saint, par sa main puissante,
il s'est assuré la victoire. ℟

Le Seigneur a fait connaître sa victoire,
et révélé sa justice aux nations ;
il s'est rappelé sa fidélité, son amour,
en faveur de la maison d'Israël. ℟

La terre tout entière a vu
la victoire de notre Dieu.
Acclamez le Seigneur, terre entière,
Sonnez, chantez, jouez ! ℟

Lecture

de la lettre de saint Paul apôtre aux Éphésiens (1, 3-6. 11-12)

« Dieu nous a choisis, dans le Christ, avant la formation du monde »

Béni soit Dieu, le Père de notre Seigneur Jésus Christ ! Il nous a bénis et comblés des bénédictions de l'Esprit, au ciel, dans le Christ. Il nous a choisis, dans le Christ, avant la fondation du monde, pour que nous soyons saints, immaculés devant lui, dans l'amour. Il nous a prédestinés à être, pour lui, des fils adoptifs par Jésus, le Christ. Ainsi l'a voulu sa bonté, à la louange de gloire de sa grâce, la grâce qu'il nous donne dans le Fils bien-aimé. En lui, nous sommes devenus le domaine particulier de Dieu, nous y avons été prédestinés selon le projet de celui qui réalise tout ce qu'il a décidé : il a voulu que nous vivions à la louange de sa gloire, nous qui avons d'avance* espéré dans le Christ. – Parole du Seigneur.

Acclamation de l'Évangile

Alléluia. Alléluia. Je te salue, Marie, Comblée-de-grâce : le Seigneur est avec toi, tu es bénie entre les femmes. ***Alléluia.***

Évangile de Jésus Christ

selon saint Luc (1, 26-38)

« Je te salue, Comblée-de-grâce, le Seigneur est avec toi »

En ce temps-là, l'ange Gabriel fut envoyé par Dieu dans une ville de Galilée, appelée Nazareth, à une jeune fille vierge, accordée en mariage à un homme de la maison de David, appelé Joseph ; et le nom de la jeune fille était Marie. L'ange entra chez elle et dit : « Je te salue, Comblée-de-grâce, le Seigneur est avec toi. » À cette parole, elle fut toute bouleversée, et elle se demandait ce que pouvait signifier cette salutation. L'ange lui dit alors : « Sois sans crainte, Marie, car tu as trouvé grâce auprès de Dieu. Voici que tu vas concevoir et enfanter un fils ; tu lui donneras le nom de Jésus. Il sera grand, il sera appelé Fils du Très-Haut ; le Seigneur Dieu lui donnera le trône de David son père ; il régnera pour toujours sur la maison de Jacob, et son règne n'aura pas de fin. » Marie dit à l'ange : « Comment cela va-t-il se faire, puisque je ne connais pas d'homme ? » L'ange lui répondit : « L'Esprit Saint viendra sur toi, et la puissance du Très-Haut te prendra sous son ombre ; c'est pourquoi celui qui va naître sera saint, il sera appelé Fils de Dieu. Or voici que, dans sa vieillesse, Élisabeth, ta parente, a conçu, elle aussi, un fils et en est à son sixième mois, alors qu'on l'appelait la femme stérile. Car rien n'est impossible à Dieu. » Marie dit alors : « Voici la servante du Seigneur ; que tout m'advienne selon ta parole. » Alors l'ange la quitta.

Profession de foi *(p. 227)*

Prière sur les offrandes

Accueille, Seigneur, le sacrifice du salut que nous t'offrons en ce jour où nous célébrons la conception immaculée de Marie ; puisque nous reconnaissons que la prévenance de ta grâce l'a préservée de tout péché, accorde-nous, par son intercession, d'être libérés de toute faute. Par Jésus… — ***Amen.***

Prière eucharistique

(Préface de l'Immaculée Conception)

Vraiment, il est juste et bon de te rendre gloire, de t'offrir notre action de grâce, toujours et en tout lieu, à toi, Père très saint, Dieu éternel et tout-puissant. Car tu as préservé la Vierge Marie de toutes les séquelles du premier péché, et tu l'as comblée de grâce pour préparer à ton Fils une mère vraiment digne de lui ; en elle, tu préfigurais l'Église, la fiancée sans ride, sans tache, resplendissante de beauté. Cette vierge pure devait nous donner le Sauveur, l'Agneau immaculé qui enlève nos fautes. Choisie entre toutes les femmes, elle intervient en faveur de ton peuple et demeure pour lui l'idéal de la sainteté. C'est pourquoi, avec tous les anges du ciel, pleins de joie, nous (disons) chantons : ***Saint ! Saint ! Saint...***

Antienne de la communion

Nous célébrons les merveilles que le Seigneur a faites pour la Vierge Marie : par elle nous est venu le soleil de justice, le Christ, notre Dieu.
(cf. Ps 86, 3)

Prière après la communion

Que cette communion, Seigneur notre Dieu, guérisse en nous les blessures de la faute originelle dont tu as préservé la Vierge Marie, grâce au privilège de sa conception immaculée. Par Jésus…
— Amen.

INVITATION

Et si je priais le chapelet en regardant celui diffusé en direct depuis Lourdes, après avoir allumé une bougie à ma fenêtre en cette fête de l'Immaculée Conception ?

COMMENTAIRE

Libérée, délivrée Luc 1, 26-38

Comme il est doux d'entendre l'ange Gabriel confier à Marie : « Sois sans crainte, car tu as trouvé grâce auprès de Dieu. » Le Très-Haut prépare celle qui va devenir la Mère de son Fils en la libérant par avance de ses appréhensions, légitimes. Dans un monde où la peur s'insinue au profond des cœurs et des consciences, demandons à l'Immaculée Conception sa confiance en celui pour qui « rien n'est impossible. » ■

Sœur Bénédicte de la Croix, cistercienne

✲ CLÉ DE LECTURE

« Nous qui avons d'avance » Éphésiens 1, 12 *(p. 61)*

Le « nous » de la grande bénédiction de la lettre aux Éphésiens (chapitre 1) est très discuté. S'agit-il de l'ensemble des êtres humains, tous prédestinés de toute éternité à devenir « fils et filles adoptives de Dieu » dans le Christ ? C'est certainement la vision ultime, éblouissante de la lettre. Mais l'auteur veut aussi montrer que le dessein de Dieu commence d'abord par un petit peuple, un petit groupe d'élus, choisis pour être les premiers à témoigner de son immense amour et à vivre dans la louange. S'adressant à des judéo-chrétiens, il élargit aussitôt l'appel à un « vous », les païens venus à la foi. Ensemble, ils ont la responsabilité de lever tous les verrous, d'abattre les murs de séparation et de haine, portant à tous la réconciliation offerte par le Christ. ■

Roselyne Dupont-Roc, bibliste

Temps de l'Avent, *messe de la férie*
ou **saint Juan Diego Cuauhtlatoatzin**

Antienne d'ouverture

Le Seigneur va venir sans tarder
éclairer ce que voilent nos ténèbres
et se manifester à toutes les nations.
(cf. Ha 2, 3 ; 1 Co 4, 5)

Prière

Dieu tout-puissant, tu nous demandes de préparer le chemin de ton Fils ; ne permets pas que la fatigue nous abatte, alors que nous attendons la venue bienheureuse de celui qui nous rendra les forces et la santé. Lui qui… ***— Amen.***

Lecture

du livre du prophète Isaïe (40, 25-31)

Le Seigneur de l'univers « rend des forces à l'homme fatigué »

À qui pourriez-vous me comparer, qui pourrait être mon égal ? – dit le Dieu saint. Levez les yeux et regardez : qui a créé tout cela ? Celui qui déploie toute l'armée des étoiles, et les appelle chacune par son nom. Si grande est sa force, et telle est sa puissance que pas une seule ne manque. Jacob, pourquoi dis-tu, Israël, pourquoi affirmes-tu : « Mon chemin est caché au Seigneur, mon droit échappe à mon Dieu » ? Tu ne le sais donc pas, tu ne l'as pas entendu ? Le Seigneur est le Dieu éternel, il crée jusqu'aux extrémités de la terre, il ne se fatigue pas, ne se lasse pas. Son intelligence est insondable. Il rend des forces à l'homme fatigué, il augmente la vigueur de celui qui est faible. Les garçons se fatiguent, se lassent, et les jeunes gens ne cessent de trébucher, mais ceux qui mettent leur espérance dans le Seigneur trouvent des forces nouvelles ; ils déploient comme des ailes d'aigles, ils courent sans se lasser, ils marchent sans se fatiguer.

– Parole du Seigneur.

Psaume 102 (103)

℟ ***Bénis le Seigneur, ô mon âme !***

Bénis le Seigneur, ô mon âme,
bénis son nom très saint, tout mon être !
Bénis le Seigneur, ô mon âme,
n'oublie aucun de ses bienfaits ! ℟

Car il pardonne toutes tes offenses
et te guérit de toute maladie ;
il réclame ta vie à la tombe
et te couronne d'amour et de tendresse. ℟

Le Seigneur est tendresse et pitié,
lent à la colère et plein d'amour ;
il n'agit pas envers nous selon nos fautes,
ne nous rend pas selon nos offenses. ℟

Acclamation de l'Évangile

Alléluia, Alléluia. Il viendra, le Seigneur, pour sauver son peuple. Heureux ceux qui seront prêts à partir à sa rencontre ! ***Alléluia.***

Évangile de Jésus Christ

selon saint Matthieu (11, 28-30)

« Venez à moi, vous tous qui peinez »

En ce temps-là, Jésus prit la parole : « Venez à moi, vous tous qui peinez sous le poids du fardeau, et moi, je vous procurerai le repos. Prenez sur vous mon joug, devenez mes disciples, car je suis doux et humble de cœur, et vous trouverez le repos pour votre âme. Oui, mon joug est facile à porter, et mon fardeau, léger. »

Prière sur les offrandes

Permets, Seigneur, que le sacrifice de nos eucharisties te soit toujours offert dans ton Église, pour accomplir le sacrement que tu nous as donné et pour réaliser la merveille de notre salut. Par Jésus… ***— Amen.***

1re préface de l'Avent, p. 231.

Antienne de la communion

Voici le Seigneur Dieu
qui vient avec puissance ;
il vient illuminer notre regard.
(Is 40, 10 ; cf. 34, 5)

Prière après la communion

Seigneur notre Dieu, nous attendons de ta miséricorde que cette nourriture prise à ton autel nous empêche de céder à nos penchants mauvais et nous prépare aux fêtes qui approchent. Par Jésus… — ***Amen.***

INVITATION

Et si je passais un peu de temps avec un proche qui ploie sous les soucis pour l'aider à reprendre souffle ?

COMMENTAIRE

Le Tout-Puissant réconfortant Matthieu 11, 28-30

L'évangile de ce jour nous donne envie de nous réfugier dans les bras de celui qui se présente « comme doux et humble de cœur », de poser notre tête sur son épaule et de lâcher nos fardeaux. Dans quelques jours, nous accueillerons le Tout-Puissant sous les traits d'un nouveau-né, vulnérable. En se faisant l'un de nous, Dieu nous autorise à nous conduire avec lui avec la familiarité des tout-petits. Sans hésiter, courons ! ■

Sœur Bénédicte de la Croix, cistercienne

JEUDI 10 DÉCEMBRE 2020

2[E] SEMAINE DE L'AVENT COULEUR LITURGIQUE : VIOLET

Temps de l'Avent, *messe de la férie*

Antienne d'ouverture

Tu es proche, Seigneur : tous tes chemins sont droits.
Dès l'origine, j'ai su que ton alliance était fondée pour toujours.
(cf. Ps 118, 151-152)

Prière

Réveille-nous, Seigneur, décide-nous à préparer les chemins de ton Fils, afin que par le mystère de sa venue, nous puissions te servir d'un cœur purifié. Par Jésus Christ… ***— Amen.***

Lecture

du livre du prophète Isaïe (41, 13-20)

« Ton rédempteur, c'est le Saint d'Israël »

C'est moi, le Seigneur ton Dieu, qui saisis ta main droite, et qui te dis : « Ne crains pas, moi, je viens à ton aide. » Ne crains pas, Jacob, pauvre vermisseau, Israël, pauvre mortel. Je viens à ton aide – oracle du Seigneur ; ton rédempteur, c'est le Saint d'Israël. J'ai fait de toi un traîneau à battre le grain, tout neuf, à double rang de pointes : tu vas briser les montagnes, les broyer ; tu réduiras les collines en menue paille ; tu les vanneras, un souffle les emportera, un tourbillon les dispersera.

Mais toi, tu mettras ta joie dans le Seigneur; dans le Saint d'Israël, tu trouveras ta louange.
Les pauvres et les malheureux cherchent de l'eau, et il n'y en a pas; leur langue est desséchée par la soif. Moi, le Seigneur, je les exaucerai, moi, le Dieu d'Israël, je ne les abandonnerai pas. Sur les hauteurs dénudées je ferai jaillir des fleuves, et des sources au creux des vallées. Je changerai le désert en lac, et la terre aride en fontaines. Je planterai dans le désert le cèdre et l'acacia, le myrte et l'olivier; je mettrai ensemble dans les terres incultes le cyprès, l'orme et le mélèze, afin que tous regardent et reconnaissent, afin qu'ils considèrent et comprennent que la main du Seigneur a fait cela, que le Saint d'Israël en est le créateur.
– Parole du Seigneur.

Psaume 144 (145)

℟ ***Le Seigneur est tendresse et pitié, lent à la colère et plein d'amour.***

Je t'exalterai, mon Dieu, mon Roi,
je bénirai ton nom toujours et à jamais !
La bonté du Seigneur est pour tous,
sa tendresse, pour toutes ses œuvres. ℟

Que tes œuvres, Seigneur, te rendent grâce
et que tes fidèles te bénissent !
Ils diront la gloire de ton règne,
ils parleront de tes exploits. ℟

Ils annonceront aux hommes tes exploits,
la gloire et l'éclat de ton règne :
ton règne, un règne éternel,
ton empire, pour les âges des âges. ℟

Acclamation de l'Évangile

Alléluia, Alléluia. Ciel, répands ta rosée ! Nuées, faites pleuvoir le juste ! Terre, ouvre-toi, que germe le Sauveur ! ***Alléluia.***

Évangile de Jésus Christ

selon saint Matthieu (11, 11-15)

« Personne ne s'est levé de plus grand que Jean le Baptiste »

En ce temps-là, Jésus déclarait aux foules : « Amen, je vous le dis : Parmi ceux qui sont nés d'une femme, personne ne s'est levé de plus grand que Jean le Baptiste ; et cependant le plus petit dans le royaume des Cieux est plus grand que lui.
« Depuis les jours de Jean le Baptiste jusqu'à présent, le royaume des Cieux subit la violence, et des violents cherchent à s'en emparer. Tous les Prophètes, ainsi que la Loi, ont prophétisé jusqu'à Jean. Et, si vous voulez bien comprendre, c'est lui, le prophète Élie qui doit venir. Celui qui a des oreilles, qu'il entende ! »

Prière sur les offrandes

Seigneur, nous ne pourrons jamais t'offrir que les biens venus de toi : accepte ceux que nous t'apportons ; et puisque c'est toi qui nous donnes maintenant de célébrer l'eucharistie, fais qu'elle soit pour nous le gage du salut éternel. Par Jésus… ***— Amen.***

1re préface de l'Avent, p. 231.

Antienne de la communion

Vivons dans le monde présent
en hommes raisonnables, justes
et religieux pour attendre le bonheur
que nous espérons : la manifestation
glorieuse de Jésus Christ, notre Dieu
et notre Sauveur.
(Tt 2, 12-13)

Prière après la communion

Fais fructifier en nous, Seigneur, l'eucharistie qui nous a rassemblés : c'est par elle que tu formes dès maintenant, à travers la vie de ce monde, l'amour dont nous t'aimerons éternellement. Par Jésus… — ***Amen.***

INVITATION

Je peux méditer un extrait de *Laudato si'*, par exemple le n° 65 ; et avec le n° 245, je loue le Seigneur. Sur www.prionsenglise.fr/laudato-si

COMMENTAIRE

Entre nos doigts Isaïe 41, 13-20

Comme ces pauvres dont parle le prophète Isaïe, nous cherchons l'eau pure de la vérité et notre « langue est desséchée par la soif » de justice, de paix, de sens. Si tout autour de nous paraît instable, contradictoire, « liquide », écoutons Dieu nous redire qu'il ne nous abandonnera pas. Créateur de l'univers et Maître de l'histoire, il fait jaillir des sources dans les déserts les plus arides. Implorons-le pour notre monde en douleur d'enfantement. ■

Sœur Bénédicte de la Croix, cistercienne

VENDREDI 11 DÉCEMBRE 2020

2E SEMAINE DE L'AVENT COULEUR LITURGIQUE : VIOLET

Temps de l'Avent, *messe de la férie*
ou **saint Damase Ier,** *voir p. 77*

6 - 12

Antienne d'ouverture

Voici que le Seigneur viendra.
Dans la lumière il vient, pour visiter son peuple,
pour lui donner la paix et la vie éternelle.

Prière

Tiens ton peuple éveillé, Seigneur, pour la venue de ton Fils ; puissions-nous, fidèles à son avertissement, garder au cœur toutes lumières de foi et d'amour pour nous porter à sa rencontre. Lui qui… **— *Amen.***

Lecture

du livre du prophète Isaïe (48, 17-19)

« Si tu avais prêté attention à mes commandements ! »

Ainsi parle le Seigneur, ton rédempteur, Saint d'Israël : Je suis le Seigneur ton Dieu, je te donne un enseignement utile, je te guide sur le chemin où tu marches. Si seulement tu avais prêté attention à mes commandements, ta paix serait comme un fleuve, ta justice, comme les flots de la mer. Ta postérité serait comme le sable, comme les grains de sable, ta descendance ; son nom ne serait ni retranché ni effacé devant moi.

– Parole du Seigneur.

Psaume 1

℟ ***Qui marche à ta suite, Seigneur, aura la lumière de la vie.***

Heureux est l'homme qui n'entre pas
au conseil des méchants,
qui ne suit pas le chemin des pécheurs,
ne siège pas avec ceux qui ricanent,
mais se plaît dans la loi du Seigneur
et murmure sa loi jour et nuit ! ℟

Il est comme un arbre
planté près d'un ruisseau,
qui donne du fruit en son temps,
et jamais son feuillage ne meurt ;
tout ce qu'il entreprend réussira.
Tel n'est pas le sort des méchants. ℟

Mais ils sont comme la paille
balayée par le vent.
Le Seigneur connaît le chemin des justes,
mais le chemin des méchants se perdra. ℟

Acclamation de l'Évangile

Alléluia, Alléluia. Le Seigneur vient : allez à sa rencontre ! C'est lui le Prince de la paix. ***Alléluia.***

Évangile de Jésus Christ

selon saint Matthieu (11, 16-19)

Ils n'écoutent ni Jean ni le Fils de l'homme

En ce temps-là, Jésus déclarait aux foules : « À qui vais-je comparer cette génération ? Elle ressemble à des gamins assis sur les places, qui en interpellent d'autres en disant : "Nous vous avons joué de la flûte, et vous n'avez pas dansé. Nous avons chanté des lamentations, et vous ne vous êtes pas frappé la poitrine." Jean est venu, en effet ; il ne mange pas, il ne boit pas, et l'on dit : "C'est un possédé !" Le Fils de l'homme est venu ; il mange et il boit, et l'on dit : "Voilà un glouton et un ivrogne, un ami des publicains et des pécheurs." Mais la sagesse de Dieu* a été reconnue juste à travers ce qu'elle fait. »

Prière sur les offrandes

Laisse-toi fléchir, Seigneur, par nos prières et nos pauvres offrandes ; nous ne pouvons pas invoquer nos mérites, viens par ta grâce à notre secours. Par Jésus…
— Amen.

1re préface de l'Avent, p. 231.

Antienne de la communion

Nous attendons notre Sauveur,
le Seigneur Jésus Christ, lui qui
transformera nos pauvres corps
à l'image de son corps glorieux.
(Ph 3, 20-21)

Prière après la communion

Pleins de reconnaissance pour cette eucharistie, nous te prions encore, Seigneur : apprends-nous, dans la communion à ce mystère, le vrai sens des choses de ce monde et l'amour des biens éternels. Par Jésus… ***— Amen.***

INVITATION

« Heureux… », c'est le premier mot du psautier. Et si je participais à une maraude près de chez moi, pour partager un peu de joie et de paix ?

COMMENTAIRE

En un murmure

Psaume 1

La liturgie nous offre le premier psaume du livre des Louanges. En ouvrant cet écrin composé de cent-cinquante joyaux patinés par la récitation de centaines de milliers de voix à travers les siècles, un mot nous provoque à la joie : « heureux. » Celui qui murmure la parole de Dieu, jour et nuit, est semblable à « un arbre planté près d'un ruisseau qui donne du fruit en son temps, et jamais son feuillage ne meurt ». La clef du bonheur est à portée de voix ! ■

Sœur Bénédicte de la Croix, cistercienne

❊ CLÉ DE LECTURE

« La sagesse de Dieu »

Matthieu 11, 19 *(p. 75)*

Quelques paroles bien énigmatiques. Où Jésus veut-il en venir ? Ses contemporains n'ont pas su reconnaître Jean Baptiste, le prophète ascète qui appelait à la conversion, ils n'ont pas su reconnaître Jésus, le prophète joyeux qui annonçait le festin du Royaume. Oreilles bouchées, cœurs fermés, ils refusent de pleurer avec ceux qui pleurent, de danser avec ceux qui dansent… Comment les atteindre, comment leur faire comprendre la sagesse inouïe d'un projet de Dieu qui veut réconcilier tous les êtres humains entre eux ? Reconnaître ce qui est « juste », autrement dit conforme à sa volonté d'amour et de bénédiction, ce serait un premier pas vers la sagesse de Dieu. Et un pas gigantesque vers le partage, l'accueil mutuel et la paix entre les hommes. ■

Roselyne Dupont-Roc, bibliste

Saint Damase Ier

Couleur liturgique : blanc

366-384. Ancien diacre du pape Libère auquel il succéda en 366, il réforma la liturgie romaine. Il encouragea le culte des martyrs, composant lui-même de nombreuses épigrammes.

Antienne d'ouverture

Le Seigneur s'est choisi saint Damase
comme prêtre et, lui ouvrant
ses trésors, il lui a donné de faire
beaucoup de bien.

Prière

Accorde-nous, Seigneur, d'être fidèles à l'exemple du pape saint Damase qui restaura le culte des martyrs et sut le promouvoir avec amour. Par Jésus Christ… ***— Amen.***

Prière sur les offrandes

Accueille, Seigneur, les offrandes que ton peuple te présente en l'honneur de saint Damase : qu'elles nous obtiennent de ta bonté les secours que nous attendons. Par Jésus… ***— Amen.***

1re préface de l'Avent, p. 231.

Antienne de la communion

Le bon pasteur,
le vrai berger, donne sa vie
pour ses brebis.
(cf. Jn 10, 11)

Prière après la communion

Que cette communion, Seigneur notre Dieu, ravive en nous l'ardeur de charité et nous brûle de ce feu qui dévorait saint Damase, alors qu'il se dépensait pour ton Église. Par Jésus… ***— Amen.***

SAMEDI 12 DÉCEMBRE 2020

2E SEMAINE DE L'AVENT COULEUR LITURGIQUE : VIOLET

Temps de l'Avent, *messe de la férie*
ou **bienheureuse Vierge Marie de Guadalupé,** *voir p. 82*

Antienne d'ouverture

Viens, Seigneur, montre-nous ton visage, et nous serons sauvés. (Ps 79, 4. 2)

Prière

Nous t'en prions, Dieu tout-puissant, que la splendeur de ta gloire se lève en nos cœurs : et l'avènement de ton Fils unique, dissipant les dernières ombres de la nuit, fera voir au grand jour que nous sommes fils de ta lumière. Par Jésus Christ… ***— Amen.***

Lecture

du livre de Ben Sira le Sage (48, 1-4. 9-11)

Élie doit revenir

En ces jours-là, le prophète Élie surgit comme un feu, sa parole brûlait comme une torche. Il fit venir la famine sur Israël, et, dans son ardeur, les réduisit à un petit nombre. Par la parole du Seigneur, il retint les eaux du ciel, et à trois reprises il en fit descendre le feu. Comme tu étais redoutable, Élie, dans tes prodiges ! Qui pourrait se glorifier d'être ton égal ? Toi qui fus enlevé dans un tourbillon de feu par un char aux coursiers de feu ; toi qui fus préparé pour la fin des temps, ainsi qu'il est écrit, afin d'apaiser la colère avant qu'elle n'éclate, afin de ramener le cœur des

pères vers les fils et de rétablir les tribus de Jacob… heureux ceux qui te verront, heureux ceux qui, dans l'amour, se seront endormis ; nous aussi, nous posséderons la vraie vie. – Parole du Seigneur.

Psaume 79 (80)

℟ ***Dieu, fais-nous revenir ; que ton visage s'éclaire, et nous serons sauvés !***

Berger d'Israël, écoute,
resplendis au-dessus des Kéroubim !
Réveille ta vaillance
et viens nous sauver. ℟

Dieu de l'univers, reviens !
Du haut des cieux, regarde et vois :
visite cette vigne, protège-la,
celle qu'a plantée ta main puissante. ℟

Que ta main soutienne ton protégé,
le fils de l'homme qui te doit sa force.
Jamais plus nous n'irons loin de toi :
fais-nous vivre et invoquer ton nom ! ℟

Acclamation de l'Évangile

Alléluia. Alléluia. Préparez le chemin du Seigneur, rendez droits ses sentiers : tout être vivant verra le salut de Dieu. ***Alléluia.***

Évangile de Jésus Christ

selon saint Matthieu (17, 10-13)

Élie est déjà venu et ils ne l'ont pas reconnu

Descendant de la montagne, les disciples interrogèrent Jésus : « Pourquoi donc les scribes disent-ils que le prophète Élie doit venir d'abord ? » Jésus leur répondit : « Élie va venir pour remettre

toute chose à sa place*. Mais, je vous le déclare : Élie est déjà venu ; au lieu de le reconnaître, ils lui ont fait tout ce qu'ils ont voulu. Et de même, le Fils de l'homme va souffrir par eux. »
Alors les disciples comprirent qu'il leur parlait de Jean le Baptiste.

Prière sur les offrandes

Permets, Seigneur, que le sacrifice de nos eucharisties te soit toujours offert dans ton Église, pour accomplir le sacrement que tu nous as donné et pour réaliser la merveille de notre salut. Par Jésus… ***— Amen.***

1re préface de l'Avent, p. 231.

Antienne de la communion

« Voici que je viens sans tarder,
dit le Seigneur, et j'apporte avec moi
le salaire que je vais donner à chacun
selon ce qu'il aura fait. » (Ap 22, 12)

Prière après la communion

Seigneur notre Dieu, nous attendons de ta miséricorde que cette nourriture prise à ton autel nous empêche de céder à nos penchants mauvais et nous prépare aux fêtes qui approchent. Par Jésus… ***— Amen.***

INVITATION

Demain sera le dimanche de la joie. De quelle façon faire rayonner cette joie ?
Je peux fabriquer une des petites attentions du hors-série pour Noël 2020 de *Prions en Église*, p. 30-31, et la partager.

COMMENTAIRE

Quels scintillements ? Ben Sira le Sage 48, 1-4. 9-11

Élie « surgit comme un feu », Jean le Baptiste est comparé par le Christ à « une lampe qui brûle et qui brille ». Et pourtant, ces hommes-phares peinent à percer l'opacité des ténèbres. Dans la nuit de Noël, le scintillement d'une étoile guidera ceux et celles qui consentiront à s'agenouiller devant l'Enfant-Dieu. Saurons-nous préférer le clair-obscur d'une grotte où repose la « Lumière du monde » au clinquant des boutiques et des écrans ? ■

***Sœur Bénédicte de la Croix**, cistercienne*

✻ CLÉ DE LECTURE

« Remettre toute chose à sa place » Matthieu 17, 11 *(p. 80)*

Ce verbe, que Matthieu reprend de la légende d'Élie dans le livre du Siracide, a donné naissance à la doctrine de l'apocatastase, telle qu'Origène la suggérera. Dans une vision grandiose de la fin des temps et de la venue du règne de Dieu, elle suppose le rétablissement dans l'amour divin de tous les êtres humains de tous les temps, et jusqu'à la conversion de Satan ! Depuis, le débat reste ouvert, puisqu'il porte sur la liberté de l'homme et sur le jugement de Dieu (l'enfer est-il vide ?). La notion doit évidemment être revue dans une démythisation de l'au-delà, et un retour sur nos propres « enfer-mements ». Mais elle reste un aiguillon pour la réouverture d'un avenir à tout être humain quel qu'il soit, et pour une espérance toujours renouvelée. ■

***Roselyne Dupont-Roc**, bibliste*

Notre-Dame de Guadalupé

Couleur liturgique : blanc

La Vierge métisse apparut à saint Juan Diego Cuauhtlatoatzin le 9 et le 12 décembre 1531 sur la colline Tepeyac, près de Mexico. Notre-Dame de Guadalupé est la patronne des Amériques et du diocèse de Basse-Terre (Guadeloupe).

Antienne d'ouverture

L'Ange dit à Marie : « Tu as trouvé
grâce auprès le Dieu. Voici que
tu vas concevoir et enfanter un fils,
il sera appelé Fils du Très-Haut. »
(Lc 1, 30-32)

Prière

Dieu, Père des miséricordes, tu as placé ton peuple sous le patronage particulier de la Mère très sainte de ton Fils : accorde à tous ceux qui invoquent Notre-Dame de Guadalupé de travailler avec une foi plus vive au développement des peuples, en prenant les chemins de la justice et de la paix. Par Jésus Christ… **– Amen.**

Prière sur les offrandes

Que ton Esprit, Seigneur notre Dieu, dont la puissance a fécondé le sein de la Vierge Marie, consacre les offrandes posées sur cet autel. Par Jésus…

– Amen.

Antienne de la communion

Voici que la Vierge concevra
et elle enfantera un fils ;
on lui donnera pour nom Emmanuel :
« Dieu avec nous ». (Is 7, 14)

Prière après la communion

Que cette communion, Seigneur notre Dieu, nous fasse mieux connaître ta miséricorde, pour qu'en célébrant avec foi la mémoire de la Vierge Marie ; Mère de ton Fils, nous trouvions un gage de notre salut dans le mystère du Verbe incarné.

– Amen.

DIMANCHE 13 DÉCEMBRE 2020

3E DIMANCHE DE L'AVENT

ANNÉE B COULEUR LITURGIQUE : VIOLET OU ROSE

« Je suis la voix de celui qui crie dans le désert. »
Jean 1, 23

© Evelyne Mary

Lorsque Jean rend témoignage à Jésus, lumière qui viendra après lui, il est le pont qui permet à l'Ancienne et à la Nouvelle Alliance de se rejoindre. Tous ses actes, toutes ses paroles ont pour but d'annoncer le Sauveur qui vient. Choisissons, nous aussi, de porter à nos frères et sœurs une parole d'espérance.

OUVERTURE DE LA CÉLÉBRATION

Chant d'entrée *(Suggestions p. 254)*
OU
Antienne d'ouverture
Soyez dans la joie du Seigneur,
soyez toujours dans la joie,
le Seigneur est proche. (cf. Ph 4, 4. 5)

Suggestion de préparation pénitentielle *(ou p. 225)*
Présentons-nous au Dieu de toute justice pour accueillir son pardon.
Seigneur Jésus, toi qui guéris les cœurs brisés, béni sois-tu et prends pitié de nous.
— Béni sois-tu et prends pitié de nous.
Ô Christ, toi qui portes la bonne nouvelle aux humbles, béni sois-tu et prends pitié de nous.
— Béni sois-tu et prends pitié de nous.
Seigneur, toi qui annonces une année de libération, béni sois-tu et prends pitié de nous.
— Béni sois-tu et prends pitié de nous.
Que Dieu tout-puissant nous fasse miséricorde ; qu'il nous pardonne nos péchés et nous conduise à la vie éternelle. ***— Amen.***

Pendant l'Avent, on omet le Gloire à Dieu.

Prière

Tu le vois, Seigneur, ton peuple se prépare à célébrer la naissance de ton Fils ; dirige notre joie vers la joie d'un si grand mystère : pour que nous fêtions notre salut avec un cœur vraiment nouveau. Par Jésus Christ… ***– Amen.***

LITURGIE DE LA PAROLE

Lecture du livre du prophète Isaïe (61, 1-2a.10-11)

« Je tressaille de joie dans le Seigneur »

L'esprit du Seigneur Dieu est sur moi parce que le Seigneur m'a consacré par l'onction. Il m'a envoyé annoncer la bonne nouvelle aux humbles, guérir ceux qui ont le cœur brisé, proclamer aux captifs leur délivrance, aux prisonniers leur libération, proclamer une année de bienfaits accordée par le Seigneur.

Je tressaille de joie dans le Seigneur, mon âme exulte en mon Dieu. Car il m'a vêtu des vêtements du salut, il m'a couvert du manteau de la justice, comme le jeune marié orné du diadème, la jeune mariée que parent ses joyaux. Comme la terre fait éclore son germe, et le jardin, germer ses semences, le Seigneur Dieu fera germer la justice et la louange devant toutes les nations.

– Parole du Seigneur.

Psaume Luc 1, 46b-48, 49-50, 53-54

℟ ***Mon âme exulte en mon Dieu.***

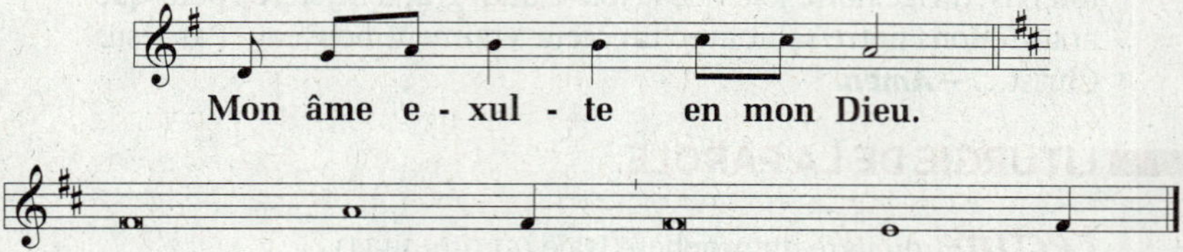

T. : AELF ; M. : L. Groslambert ; Éd. : ADF.

Mon âme exalte le Seigneur,
exulte mon esprit en Dieu, mon Sauveur !
Il s'est penché sur son humble servante ;
désormais tous les âges me diront bienheureuse. ℟

Le Puissant fit pour moi des merveilles ;
Saint est son nom !
Sa miséricorde s'étend d'âge en âge
sur ceux qui le craignent. ℟

Il comble de biens les affamés,
renvoie les riches les mains vides.
Il relève Israël son serviteur,
il se souvient de son amour. ℟

Retrouvez
ce psaume sur le CD
“Les psaumes
de l'année B”

Lecture de la première lettre de saint Paul apôtre aux Thessaloniciens (5, 16-24)

« Que votre esprit, votre âme et votre corps soient gardés pour la venue du Seigneur »

Frères, soyez toujours dans la joie, priez sans relâche, rendez grâce en toute circonstance : c'est la volonté de Dieu à votre égard dans le Christ Jésus. N'éteignez pas l'Esprit, ne méprisez pas les prophéties, mais discernez la valeur de toute chose : ce qui est bien, gardez-le ; éloignez-vous de toute espèce de mal.
Que le Dieu de la paix lui-même vous sanctifie tout entiers ; que votre esprit, votre âme et votre corps, soient tout entiers gardés sans reproche pour la venue de notre Seigneur Jésus Christ. Il est fidèle, Celui qui vous appelle : tout cela, il le fera.
– Parole du Seigneur.

Acclamation de l'Évangile

Alléluia. Alléluia. L'Esprit du Seigneur est sur moi : il m'a envoyé porter la Bonne Nouvelle aux pauvres. ***Alléluia.***

U 63-87; M. : P. Robert; Bayard.

Évangile de Jésus Christ selon saint Jean (1, 6-8. 19-28)

« Au milieu de vous se tient celui que vous ne connaissez pas »

Il y eut un homme envoyé par Dieu ; son nom était Jean. Il est venu comme témoin, pour rendre témoignage à la Lumière, afin que tous croient par lui. Cet homme n'était pas la Lumière, mais il était là pour rendre témoignage à la Lumière.

Voici le témoignage de Jean, quand les Juifs lui envoyèrent de Jérusalem des prêtres et des lévites pour lui demander : « Qui

es-tu ? » Il ne refusa pas de répondre, il déclara ouvertement : « Je ne suis pas le Christ. » Ils lui demandèrent : « Alors qu'en est-il ? Es-tu le prophète Élie ? » Il répondit : « Je ne le suis pas. – Es-tu le Prophète annoncé ? » Il répondit : « Non. » Alors ils lui dirent : « Qui es-tu ? Il faut que nous donnions une réponse à ceux qui nous ont envoyés. Que dis-tu sur toi-même ? » Il répondit : « *Je suis la voix de celui qui crie dans le désert : Redressez le chemin du Seigneur*, comme a dit le prophète Isaïe. » Or, ils avaient été envoyés de la part des pharisiens. Ils lui posèrent encore cette question : « Pourquoi donc baptises-tu, si tu n'es ni le Christ, ni Élie, ni le Prophète ? » Jean leur répondit : « Moi, je baptise dans l'eau. Mais au milieu de vous se tient celui que vous ne connaissez pas ; c'est lui qui vient derrière moi, et je ne suis pas digne de délier la courroie de sa sandale. »
Cela s'est passé à Béthanie, de l'autre côté du Jourdain, à l'endroit où Jean baptisait.

Homélie

Profession de foi (p. 227)

Suggestion de prière universelle

Le prêtre :

Tournons-nous vers Dieu le Père qui trouve sa joie dans le bonheur de son peuple, et adressons-lui nos demandes :

℟ ***Écoute-nous, Seigneur, et viens sauver ton peuple !***

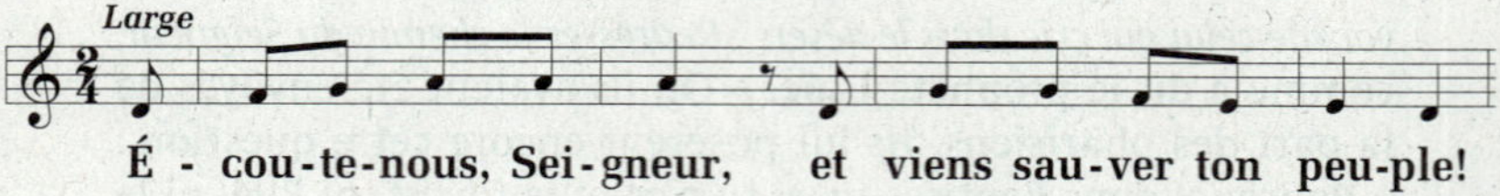

MNA n° 31.34

Le diacre ou un lecteur :

Pour celles et ceux qui sont enfermés dans des logiques de désespoir et ne peuvent plus s'ouvrir à la joie qui vient de toi, nous te prions, Seigneur. ℟

Pour nos frères et sœurs en humanité appelés à discerner la juste valeur de toute chose, afin d'être artisans de justice, nous te prions, Seigneur. ℟

Pour l'Église appelée à témoigner de ta joie et de la force de ta parole, avec le pape François, nous te prions, Seigneur. ℟

Pour notre communauté qui désire porter ta joie et ta consolation aux personnes qui vivent dans le quartier, nous te prions, Seigneur. ℟

(Ces intentions seront adaptées ou modifiées selon les circonstances.)

Le prêtre :
Père, garde-nous dans ton amour et ta fidélité. Nous t'en prions, exauce nos prières. Par Jésus le Christ, notre Seigneur.
— Amen.

LITURGIE EUCHARISTIQUE

Prière sur les offrandes
Permets, Seigneur, que le sacrifice de nos eucharisties te soit toujours offert dans ton Église, pour accomplir le sacrement que tu nous as donné et pour réaliser la merveille de notre salut. Par Jésus…
— Amen.

Prière eucharistique *(1re préface de l'Avent, p. 231)*

Chant de communion *(Suggestions p. 254)*
OU
Antienne de la communion
Dites aux esprits abattus :
prenez courage, ne craignez pas ;
voici notre Dieu qui vient :
il vient nous sauver.
(Is 35, 4)

Prière après la communion

Seigneur notre Dieu, nous attendons de ta miséricorde que cette nourriture prise à ton autel nous empêche de céder à nos penchants mauvais et nous prépare aux fêtes qui approchent. Par Jésus…
– *Amen.*

CONCLUSION DE LA CÉLÉBRATION

Bénédiction solennelle

Vous croyez que le Fils de Dieu est venu dans ce monde, et vous attendez le jour où il viendra de nouveau ; à la clarté de cette lumière qui lève, que Dieu son Père vous guide en toutes vos démarches et qu'il multiplie sur vous ses bénédictions. **– *Amen.***
Qu'il rende ferme votre foi, joyeuse votre espérance, et constante votre charité. **– *Amen.***
La venue du Rédempteur pauvre parmi les pauvres est déjà pour vous une grande joie ; quand il apparaîtra dans toute sa gloire, qu'il vous ouvre le bonheur sans fin. **– *Amen.***
Et que Dieu tout-puissant vous bénisse, le Père, et le Fils ✝ et le Saint-Esprit.
– *Amen.*

Envoi

COMMENTAIRE

Karem Bustica, rédactrice en chef de *Prions en Église*

Ode à la joie

Dimanche de la joie. C'est le moment de reprendre souffle dans notre marche vers Noël. Le temps de l'attente peut nous épuiser si nous perdons de vue celui que nous attendons. Les lectures d'aujourd'hui nous rappellent que le Sauveur apporte la joie de la libération, celle chantée par Marie et que l'apôtre Paul nous donne comme axe de notre vie chrétienne. « Soyez dans la joie du Seigneur », insiste l'antienne d'ouverture de la messe du jour.

Mais, quelle est cette joie ? Nous connaissons « des joies » telles que celles de la réussite, de la fête, des retrouvailles... Nous avons certainement fait l'expérience de « la joie » d'être vivants, celle de transmettre quelque chose à quelqu'un, la joie de rendre service, la joie d'apprendre... La joie « du Seigneur » s'apparente à •••

••• ces joies durables qui peuvent arriver même lorsqu'on traverse péniblement de grandes épreuves. La joie du Seigneur est un don de son Esprit. « N'éteignez pas l'Esprit », supplie Paul aux Thessaloniciens avec ses recommandations pour rester fidèles au Christ. La joie est un fruit de l'Esprit de Dieu.
En ce jour, attendre la naissance de Jésus, c'est demander le don de la joie. C'est accueillir le même Esprit qui inspira le cantique à Marie. C'est à la suite de Jean Baptiste choisir de croire qu'« au milieu de nous se tient déjà celui que nous ne connaissons pas » encore totalement.

Quelles sont mes expériences de joie ?
Comment puis-je identifier la joie qui vient de Dieu ?

En quoi la venue de Dieu en notre monde est, pour moi, une joie ? ■

PrionsenÉglise Junior

LIRE L'ÉVANGILE AVEC LES ENFANTS

CE QUE JE DÉCOUVRE

En ce moment, les rues et les magasins sont illuminées : c'est bientôt Noël ! Les lumières éclairent, guident les hommes dans la nuit, elles donnent aussi de la joie. **Jean Baptiste annonce qu'il y a une autre lumière qui peut passer inaperçue, Jésus.** Lui n'éblouit pas, ne s'éteint jamais et nous conduit vers Dieu.

CE QUE JE VIS

Quand as-tu besoin de lumière ?
Par quels gestes peux-tu, comme Jean, devenir témoin de Jésus ?
Avec l'aide d'un adulte, allume une bougie et prie pour toutes les personnes qui ne connaissent pas Dieu.

Texte : père Cédric Kuntz. Illustrations : Marcelino Truong

MÉDITATION BIBLIQUE

3E DIMANCHE DE L'AVENT

Évangile selon saint Jean 1, 6-8. 19-28

L'homme de la juste place

Jean Baptiste joue un rôle unique dans l'histoire du salut. Sa mission nous renvoie à la nôtre, nous qui sommes appelés à rendre compte de l'espérance.

Le temps de la préparation

« Seigneur [...],
dirige notre joie vers la joie
d'un si grand mystère »
(Prière du 3e dimanche de l'Avent).

Le temps de l'observation

Jean est défini et se définit principalement par ce qu'il n'est pas. Une manière de mettre en valeur ce qu'il est vraiment, de souligner son consentement à être lui-même et à vivre pleinement la mission reçue de Dieu : être « la voix qui crie dans le désert », avec ce que ce lieu peut connoter d'aridité mais aussi de potentialités. En outre, dire « je ne suis pas » attire l'attention sur les « Je suis » du Christ (Jn 8, 23-29. 58 ; etc.) qui nous font signe vers la révélation de Dieu au buisson ardent. Le Baptiste, contrairement à Adam et Ève, ne cherche pas à devenir « comme Dieu ». Il trouve sa joie dans son identité de témoin, avec ce qu'elle suppose d'effacement pour laisser à celui qu'il annonce toute la place dans le cœur de ses contemporains : « Il faut qu'il grandisse et que moi je diminue » (Jn 3, 30). Ami de l'Époux, Jean nous montre que joie et dépouillement peuvent cohabiter à l'encontre de nos représentations spontanées.

Le temps de la méditation

Témoins de Jésus Christ, voix dans un monde qui ignore souvent Dieu ou en déforme le visage, laissons-nous interroger par la capacité de Jean à s'affirmer et à s'effacer tout à la fois. Une position paradoxale reflétant la liberté d'un homme enraciné dans une relation vivante avec Dieu et sûr de son amour. Sans oublier cette humilité qui n'est pas dépréciation de soi mais adhésion à sa spécificité et cette conscience que le Christ n'est pas seulement un « ami », au même titre que les autres, mais qu'il reste l'« Inconnu » car « Dieu, né de Dieu ». Voilà qui nous invite à relire notre pratique. Sommes-nous justement situés, savons-nous laisser la place au Christ sans souci de notre propre gloire, sans nous attribuer ce qui vient de Dieu ? Saint Augustin, lui, savait, si l'on en croit ce propos adressé à son auditoire : « Si celui qui vous a créés, sauvés, appelés… ne vous parle intérieurement, mes paroles sont inutiles. »

Le temps de la prière

Seigneur, « que nous fêtions notre salut d'un cœur vraiment nouveau » ! (Prière du 3e dimanche de l'Avent). ■

Sœur Emmanuelle Billoteau,
ermite

Une prière *de Yves Chamberland, pour ce dimanche*

Lumière de nos vies

Loué sois-tu, Dieu, notre Père !
D'âge en âge, tu fais pour nous des merveilles.
En ton Fils Jésus, tu as accompli tes promesses de salut.
Tu l'as envoyé pour qu'il soit la lumière de nos nuits.
Loué sois-tu, pour ton prophète Jean Baptiste !
Tu as fait de lui un témoin de la Lumière.
Il a proclamé que tu es un Dieu proche.
Il nous invite à reconnaître et à proclamer ta présence.
Seigneur, nous voici rassemblés en Église,
pour écouter ta parole, pour trouver la lumière
qui permet d'éclairer toutes nos nuits
et de continuer à vivre dans l'espérance.
Viens, Seigneur, viens nous rejoindre.
Fais de nous des veilleurs, des veilleuses,
des lumières qui percent les ténèbres,
des témoins joyeux de ta présence au milieu de nous.

L'ÉVÉNEMENT

DU 13 DÉCEMBRE 2020 AU 13 DÉCEMBRE 2021

Qu'il jubile, le mont Sainte-Odile !

Dès le 13 décembre, le monastère du mont Sainte-Odile célèbre les 1300 ans de la mort de sa sainte patronne, sur le thème « Venez et voyez ».

Dès ce dimanche et durant un an, l'Alsace fête les 1300 ans de la mort de sa patronne, sainte Odile (662-720). L'histoire raconte que menacée par son père, le duc d'Alsace, Odile, aveugle, est mise en sécurité au monastère de Palma. Baptisée par un évêque Bavarois, Odile priera pour le salut de son père repenti. Durant cette •••

Monastère Hohenbourg, mont Sainte-Odile (67).

© AdobeStock

••• année jubilaire, des milliers de pèlerins sont attendus au sommet du mont Sainte-Odile, au monastère de Hohenbourg que la sainte a créé en 680 et où elle fut abbesse durant une vingtaine d'années. Les pèlerins pourront s'y ressourcer, passer la porte du grand jubilé… « Lors de la Transfiguration, Jésus avait invité ses disciples à se reposer, à l'écart, sur une haute montagne, rappelle le père Christophe Schwalbach, recteur du sanctuaire. Comme eux, les pèlerins sont conviés à prendre un peu de hauteur pour se laisser rencontrer par le Christ » et emprunter l'un des cinq chemins jubilaires : le baptême, la réconciliation, la prière, la charité et l'eucharistie. Ce dernier parcours de foi est d'autant plus important que le sanctuaire propose l'adoration perpétuelle depuis bientôt 90 ans. ■

Père Thibault Van Den Driessche,
assomptionniste

QUELQUES RENDEZ-VOUS

- Initialement prévu du 13 avril 2020 au 13 avril 2021, le grand jubilé de sainte Odile commence le 13 décembre en raison de la crise sanitaire.
- **Organiser un pèlerinage jubilaire :** marcheurs ou non, en individuel, en groupe ou en famille, il est possible de venir ici en pèlerinage, de « gravir la montagne sacrée de l'Alsace », comme y invite le site du jubilé.
- **Plusieurs festivités ouvertes à tous :** marche nocturne depuis la cathédrale de Strasbourg les 28 au 29 mai 2021, pèlerinage jubilaire des cyclistes le 9 mai 2021, des motards le 29 août..

https://jubile2020.sainte-odile.eu

LUNDI 14 DÉCEMBRE 2020

3E SEMAINE DE L'AVENT COULEUR LITURGIQUE : BLANC

Saint Jean de la Croix

1542-1591. À l'invitation de sainte Thérèse d'Avila, il entreprit de réformer la branche masculine du Carmel. Il endura pour cela de nombreuses persécutions. Grand poète mystique.

13 - 19

Antienne d'ouverture

Que la croix de notre Seigneur Jésus Christ soit ma seule fierté.
Par elle, le monde est à jamais crucifié pour moi,
et moi, pour le monde. (Ga 6, 14)

Prière

Dieu qui inspiras à ton prêtre saint Jean un extraordinaire amour de la croix et le renoncement total à lui-même, fais qu'en nous attachant à le suivre, nous parvenions à la contemplation éternelle de ta gloire. Par Jésus Christ… ***– Amen.***

Lecture

du livre des Nombres (24, 2-7. 15-17a)

« Un astre se lève, issu de Jacob »

En ces jours-là, levant les yeux, le prophète païen Balaam vit Israël qui campait, rangé par tribus. L'esprit de Dieu fut sur lui, et il prononça ces paroles énigmatiques : « Oracle de Balaam, fils de Béor, oracle de l'homme au regard pénétrant, oracle de celui qui entend les paroles de Dieu. Il voit ce que le Puissant lui fait voir, il tombe en extase, et ses yeux s'ouvrent. Que tes tentes sont belles, Jacob, et tes demeures, Israël ! Elles s'étendent comme des vallées, comme des jardins au bord d'un

fleuve ; le Seigneur les a plantées comme des aloès, comme des cèdres au bord des eaux ! Un héros sortira de la descendance de Jacob, il dominera sur des peuples nombreux. Son règne sera plus grand que celui de Gog, sa royauté sera exaltée. »
Balaam prononça encore ces paroles énigmatiques : « Oracle de Balaam, fils de Béor, oracle de l'homme au regard pénétrant, oracle de celui qui entend les paroles de Dieu, qui possède la science du Très-Haut. Il voit ce que le Puissant lui fait voir, il tombe en extase, et ses yeux s'ouvrent. Ce héros, je le vois – mais pas pour maintenant – je l'aperçois – mais pas de près : Un astre se lève, issu de Jacob, un sceptre se dresse, issu d'Israël. »
– Parole du Seigneur.

Psaume 24 (25)

℟ ***Seigneur, fais-moi connaître ta route !***

Seigneur, enseigne-m**o**i tes voies,
fais-moi conn**a**ître ta route.
Dirige-moi par ta vérit**é**, enseigne-moi,
car tu es le Die**u** qui me sauve. ℟

Rappelle-toi, Seigne**u**r, ta tendresse,
ton amour qui **e**st de toujours.
Dans ton amo**u**r, ne m'oublie pas,
en raison de ta bont**é**, Seigneur. ℟

Il est droit, il est b**o**n, le Seigneur,
lui qui montre aux péche**u**rs le chemin.
Sa justice dir**i**ge les humbles,
il enseigne aux h**u**mbles son chemin. ℟

Acclamation de l'Évangile

Alléluia, Alléluia. Fais-nous voir, Seigneur, ton amour, et donne-nous ton salut. ***Alléluia.***

Évangile de Jésus Christ

selon saint Matthieu (21, 23-27)

« Le baptême de Jean, d'où venait-il ? »

En ce temps-là, Jésus était entré dans le Temple, et, pendant qu'il enseignait, les grands prêtres et les anciens du peuple s'approchèrent de lui et demandèrent : « Par quelle autorité fais-tu cela, et qui t'a donné cette autorité ? »
Jésus leur répliqua : « À mon tour, je vais vous poser une question, une seule ; et si vous me répondez, je vous dirai, moi aussi, par quelle autorité je fais cela : Le baptême de Jean, d'où venait-il ? du ciel ou des hommes ? »
Ils faisaient en eux-mêmes ce raisonnement : « Si nous disons : "Du ciel", il va nous dire : "Pourquoi donc n'avez-vous pas cru à sa parole ?" Si nous disons : "Des hommes", nous devons redouter la foule, car tous tiennent Jean pour un prophète. »
Ils répondirent donc à Jésus : « Nous ne savons pas ! » Il leur dit à son tour : « Moi, je ne vous dis pas non plus par quelle autorité je fais cela. »

Prière sur les offrandes

Regarde, Seigneur tout-puissant, le sacrifice que nous offrons en la fête de saint Jean de la Croix, et donne-nous d'exprimer par notre vie les mystères de la passion du Sauveur que nous célébrons dans cette liturgie. Par Jésus… ***— Amen.***

1re préface de l'Avent, p. 231.

Antienne de la communion

« Si quelqu'un veut marcher
à ma suite, dit le Seigneur,
qu'il renonce à lui-même,
qu'il prenne sa croix,
et qu'il me suive. » (Mt 16, 24)

Prière après la communion

Dieu, qui as fait de saint Jean un apôtre du mystère de la croix, accorde-nous, maintenant que nous sommes fortifiés par ce sacrifice, de rester toujours unis au Christ, et de travailler dans l'Église au salut de nos frères. Par Jésus… — ***Amen.***

INVITATION

Je peux prier pour celles et ceux qui exercent une autorité (parents, éducateurs, élus) et pour le pape : que l'Esprit Saint les soutienne et les éclaire.

COMMENTAIRE

Mystère à facettes

Nombres 24, 2-7. 15-17a

« Que tes tentes sont belles, Jacob, et tes demeures, Israël ! [...] Un héros sortira de la descendance de Jacob, il dominera sur des peuples nombreux. » Nous reconnaissons dans cet oracle de Balaam, un prophète païen, l'annonce du Christ : « astre d'en haut » venu éclairer nos ténèbres (cf. Lc 1,78-79), aîné d'une multitude de frères (cf. Rm 8, 29), Roi des rois par sa victoire pascale, bénédiction pour Israël et les païens. Autant de facettes du mystère du Christ qu'il nous appartient de méditer ! ■

***Sœur Emmanuelle Billoteau,** ermite*

Temps de l'Avent, *messe de la férie*

Antienne d'ouverture

Voici que le Seigneur va venir, et, avec lui,
tous ceux qui ont cru en lui ;
on verra, ce jour-là, une grande lumière.
(cf. Za 14, 5. 7)

Prière

Dieu qui as fait de nous une créature nouvelle dans ton Fils, regarde avec bonté l'œuvre de ta miséricorde, et tandis que nous attendons sa venue, préserve-nous de toute déchéance. Par Jésus Christ… — ***Amen.***

Lecture

du livre du prophète Sophonie (3, 1-2. 9-13)

Le salut messianique est promis à tous les pauvres

Ainsi parle le Seigneur : Malheur à la rebelle, l'impure, Jérusalem, la ville tyrannique ! Elle n'a pas écouté l'appel, elle n'a pas accepté la leçon, elle n'a pas fait confiance au Seigneur, de son Dieu elle ne s'est pas approchée.

Alors, je rendrai pures les lèvres des peuples pour que tous invoquent le nom du Seigneur et, d'un même geste, le servent.

D'au-delà des fleuves d'Éthiopie, ceux qui m'adorent, mes enfants

dispersés, m'apporteront mon offrande. Ce jour-là, tu n'auras plus à rougir de tes méfaits, de tes crimes contre moi, car alors j'extirperai de toi ceux qui se vantent avec insolence, tu cesseras de te pavaner sur ma montagne sainte. Je laisserai chez toi un peuple pauvre et petit ; il prendra pour abri le nom du Seigneur. Ce reste d'Israël ne commettra plus d'injustice ; ils ne diront plus de mensonge ; dans leur bouche, plus de langage trompeur. Mais ils pourront paître et se reposer, nul ne viendra les effrayer.
– Parole du Seigneur.

Psaume 33 (34)

℟ ***Un pauvre crie ; le Seigneur entend.***

Je bénirai le Seigneur en tout temps,
sa louange sans cesse à mes lèvres.
Je me glorifierai dans le Seigneur :
que les pauvres m'entendent
et soient en fête ! ℟

Qui regarde vers lui resplendira,
sans ombre ni trouble au visage.
Un pauvre crie ; le Seigneur entend :
il le sauve de toutes ses angoisses. ℟

Le Seigneur regarde les justes,
il écoute, attentif à leurs cris.
Le Seigneur entend ceux qui l'appellent :
de toutes leurs angoisses, il les délivre. ℟

Il est proche du cœur brisé,
il sauve l'esprit abattu.
Le Seigneur rachètera ses serviteurs :
pas de châtiment pour
qui trouve en lui son refuge. ℟

Acclamation de l'Évangile

Alléluia, Alléluia. Viens, Seigneur, ne tarde plus, délivre ton peuple de ses fautes ! ***Alléluia.***

Évangile de Jésus Christ

selon saint Matthieu (21, 28-32)

« Jean est venu : les publicains et les prostituées ont cru à sa parole »

En ce temps-là, Jésus disait aux grands prêtres et aux anciens : « Quel est votre avis ? Un homme avait deux fils. Il vint trouver le premier et lui dit : “Mon enfant, va travailler aujourd'hui à la vigne.” Celui-ci répondit : “Je ne veux pas.” Mais ensuite, s'étant repenti, il y alla. Puis le père alla trouver le second et lui parla de la même manière. Celui-ci répondit : “Oui, Seigneur !” et il n'y alla pas. Lequel des deux a fait la volonté du père ? » Ils lui répondent : « Le premier. » Jésus leur dit : « Amen, je vous le déclare : les publicains et les prostituées vous précèdent dans le royaume de Dieu. Car Jean le Baptiste est venu à vous sur le chemin de la justice, et vous n'avez pas cru à sa parole ; mais les publicains et les prostituées y ont cru. Tandis que vous, après avoir vu cela, vous ne vous êtes même pas repentis plus tard pour croire à sa parole. »

Prière sur les offrandes

Laisse-toi fléchir, Seigneur, par nos prières et nos pauvres offrandes ; nous ne pouvons pas invoquer nos mérites, viens par ta grâce à notre secours. Par Jésus…
— Amen.

1re préface de l'Avent, p. 231.

Antienne de la communion

Le Seigneur, dans sa justice,
remettra leur récompense à tous ceux
qui désirent ardemment sa venue
dans la gloire. (2 Tm 4, 8)

Prière après la communion

Pleins de reconnaissance pour cette eucharistie, nous te prions encore, Seigneur : apprends-nous, dans la communion à ce mystère, le vrai sens des choses de ce monde et l'amour des biens éternels. Par Jésus… — ***Amen.***

INVITATION

Et si je lisais la nouvelle encyclique du pape, *Tous frères,*
sur www.prionseneglise.fr/tous-freres ?

COMMENTAIRE

Justification de vie — Sophonie 3, 1-2. 9-13

« Alors je rendrai pures les lèvres des peuples pour que tous invoquent le nom du Seigneur. » Sophonie est porteur d'un message d'espérance. Il annonce aux croyants leur justification, que nous savons accomplie dans le Christ (cf. Rm 5). Une grâce à accueillir qui nous donne pleine assurance pour nous approcher de Dieu. Autant dire que cette assurance n'est pas fondée sur nos mérites ni sur une quelconque volonté de perfection, mais sur la miséricorde et l'action du Seigneur. ■

***Sœur Emmanuelle Billoteau,** ermite*

MERCREDI 16 DÉCEMBRE 2020

3E SEMAINE DE L'AVENT COULEUR LITURGIQUE : VIOLET

Temps de l'Avent, *messe de la férie*

Antienne d'ouverture

Le Seigneur va venir sans tarder éclairer ce que voilent nos ténèbres et se manifester à toutes les nations. (cf. Ha 2, 3 ; 1 Co 4, 5)

Prière

Nous t'en prions, Dieu tout-puissant, que les fêtes prochaines de la venue de ton Fils nous apportent la grâce pour la vie présente et nous préparent au bonheur pour l'éternité. Par Jésus Christ… — ***Amen.***

13 - 19

Lecture

du livre du prophète Isaïe (45, 6b-8. 18. 21b-25)

« Cieux, distillez d'en haut votre rosée »

« Je suis le Seigneur, il n'en est pas d'autre : je façonne la lumière et je crée les ténèbres, je fais la paix et je crée le malheur. C'est moi, le Seigneur, qui fais tout cela. Cieux, distillez d'en haut votre rosée, que, des nuages, pleuve la justice, que la terre s'ouvre, produise le salut, et qu'alors germe aussi la justice. Moi, le Seigneur, je crée tout cela. » Ainsi parle le Seigneur, le Créateur des cieux, lui, le Dieu qui fit la terre et la façonna, lui qui l'affermit, qui l'a créée, non pas comme un lieu vide, mais qui l'a façonnée pour être habitée : « Je suis le Seigneur : il n'en est pas d'autre ! N'est-ce pas moi, le Seigneur ? Hors moi, pas de Dieu ; de Dieu juste et sauveur, pas d'autre que moi ! Tournez-vous vers moi : vous serez sauvés, tous les lointains de la terre ! Oui, je suis Dieu : il n'en est pas d'autre ! Je le jure par moi-même ! De ma bouche sort la justice, la parole irrévocable. Devant moi, tout genou fléchira, toute langue en fera le serment : Par le Seigneur seulement – dira-t-elle de moi – la justice et la force ! » Jusqu'à lui viendront, couverts de honte, tous ceux qui s'enflammaient contre lui. Elle obtiendra, par le Seigneur, justice et louange, toute la descendance d'Israël. – Parole du Seigneur.

Psaume 84 (85)

℟ ***Ciel, répands ta rosée ! Nuées, faites pleuvoir le juste !***

J'écoute : que dira le Seigneur Dieu ?
Ce qu'il dit, c'est la paix pour son peuple
et ses fidèles.
Son salut est proche de ceux qui le craignent,
et la gloire habitera notre terre. ℟

Amour et vérité se rencontrent,
justice et paix s'embrassent ;
la vérité germera de la terre
et du ciel se penchera la justice. ℟

Le Seigneur donnera ses bienfaits,
et notre terre donnera son fruit.
La justice marchera devant lui,
et ses pas traceront le chemin. ℟

Acclamation de l'Évangile

Alléluia. Alléluia. Élève la voix, toi qui portes la Bonne Nouvelle ! Voici le Seigneur Dieu : il vient avec puissance. ***Alléluia.***

Évangile de Jésus Christ

selon saint Luc (7, 18b-23)

« Allez annoncer à Jean ce que vous avez vu et entendu »

En ce temps-là, Jean le Baptiste appela deux de ses disciples et les envoya demander au Seigneur : « Es-tu celui qui doit venir, ou devons-nous en attendre un autre ? » Arrivés près de Jésus, ils lui dirent : « Jean le Baptiste nous a envoyés te demander : Es-tu celui qui doit venir, ou devons-nous en attendre un autre ? »

À cette heure-là, Jésus guérit beaucoup de gens de leurs maladies, de leurs infirmités et des esprits mauvais dont ils étaient affligés, et à beaucoup d'aveugles, il accorda de voir. Puis il répondit aux envoyés : « Allez annoncer à Jean ce que vous avez vu et entendu : les aveugles retrouvent la vue, les boiteux marchent, les lépreux sont purifiés, les sourds entendent, les morts ressuscitent, les pauvres reçoivent la Bonne Nouvelle. Heureux celui qui ne trébuchera pas à cause de moi ! »

Prière sur les offrandes

Permets, Seigneur, que le sacrifice de nos eucharisties te soit toujours offert dans ton Église, pour accomplir le sacrement que tu nous as donné et pour réaliser la merveille de notre salut. Par Jésus… ***— Amen.***

1re préface de l'Avent, p. 231.

Antienne de la communion

Voici le Seigneur Dieu
qui vient avec puissance ;
il vient illuminer notre regard.
(Is 40, 10 ; cf. 34, 5)

Prière après la communion

Seigneur notre Dieu, nous attendons de ta miséricorde que cette nourriture prise à ton autel nous empêche de céder à nos penchants mauvais et nous prépare aux fêtes qui approchent. Par Jésus… — ***Amen.***

INVITATION

Je trouve les mots pour dire à mes petits-enfants ou mes filleuls que Jésus est bien « celui qui vient ».

COMMENTAIRE

Salut universel

Isaïe 45, 6b-8. 18. 21b-25

« Tournez-vous vers moi : vous serez sauvés, tous les lointains de la terre. » Isaïe met en évidence la dimension universelle du salut annoncée par l'Ancien Testament et réalisée en Jésus Christ. Un salut offert à tous, sachant qu'il nous revient de nous tourner vers Dieu et donc de nous détourner de ces idoles que sont nos fausses sécurités (argent, pouvoir, notoriété, savoir), sans oublier nos « moi » d'emprunt. Car c'est pour que nous soyons libres que le Christ nous a libérés (cf. Ga 5, 1). ■

Sœur Emmanuelle Billoteau, ermite

Temps de l'Avent, *messe du jour*

Antienne d'ouverture

Le ciel se réjouit, le monde est en fête,
car le Seigneur vient ;
il va prendre en pitié les pauvres de son peuple.
(cf. Is 49, 13)

Prière

Dieu, créateur et rédempteur des hommes, tu as voulu que ton Verbe éternel prenne chair dans le sein de la Vierge ; sois favorable à notre prière : que ton Fils unique qui s'est fait l'un de nous, nous donne part à sa vie divine. Lui qui…
— Amen.

Lecture

du livre de la Genèse (49, 1-2. 8-10)

« Le sceptre royal n'échappera pas à Juda »

En ces jours-là, Jacob appela ses fils et dit : « Assemblez-vous ! Je veux vous dévoiler ce qui vous arrivera dans les temps à venir. Rassemblez-vous, écoutez, fils de Jacob, écoutez Israël, votre père. Juda, à toi, tes frères rendront hommage, ta main fera plier la nuque de tes ennemis et les fils de ton père se prosterneront devant toi. Juda est un

jeune lion. Tu remontes du carnage, mon fils. Il s'est accroupi, il s'est couché comme un lion ; ce fauve, qui le fera lever ? Le sceptre royal n'échappera pas à Juda, ni le bâton de commandement, à sa descendance, jusqu'à ce que vienne celui à qui le pouvoir appartient, à qui les peuples obéiront. »
– Parole du Seigneur.

Psaume 71 (72)

℟ ***En ces jours-là fleurira la justice, grande paix jusqu'à la fin des temps.***

Dieu, donne au roi tes pouvoirs,
à ce fils de roi ta justice.
Qu'il gouverne ton peuple avec justice,
qu'il fasse droit aux malheureux ! ℟

Montagnes, portez au peuple la paix,
collines, portez-lui la justice !
Qu'il fasse droit aux malheureux
de son peuple,
qu'il sauve les pauvres gens,
qu'il écrase l'oppresseur ! ℟

En ces jours-là, fleurira la justice,
grande paix jusqu'à la fin des lunes !
Qu'il domine de la mer à la mer,
et du Fleuve jusqu'au bout de la terre ! ℟

Que son nom dure toujours ;
sous le soleil, que subsiste son nom !
En lui, que soient bénies
toutes les familles de la terre ;
que tous les pays le disent bienheureux ! ℟

Acclamation de l'Évangile

Alléluia, Alléluia. Viens, sagesse du Très-Haut ! Toi qui régis l'univers avec force et douceur, enseigne-nous le chemin de vérité. ***Alléluia.***

Évangile de Jésus Christ

selon saint Matthieu (1, 1-17)

« Jésus, fils de David, fils d'Abraham »

Généalogie de Jésus, Christ, fils de David, fils d'Abraham.

Abraham engendra Isaac, Isaac engendra Jacob, Jacob engendra Juda et ses frères, Juda, de son union avec Thamar, engendra Pharès et Zara, Pharès engendra Esrom, Esrom engendra Aram, Aram engendra Aminadab, Aminadab engendra Naassone, Naassone engendra Salmone, Salmone, de son union avec Rahab, engendra Booz, Booz, de son union avec Ruth, engendra Jobed, Jobed engendra Jessé, Jessé engendra le roi David.

David, de son union avec la femme d'Ourias, engendra Salomon, Salomon engendra Roboam, Roboam engendra Abia, Abia engendra Asa, Asa engendra Josaphat, Josaphat engendra Joram, Joram engendra Ozias, Ozias engendra Joatham, Joatham engendra Acaz, Acaz engendra Ézékias, Ézékias engendra Manassé, Manassé engendra Amone, Amone engendra Josias, Josias engendra Jékonias et ses frères à l'époque de l'exil à Babylone.

Après l'exil à Babylone, Jékonias engendra Salathiel, Salathiel engendra Zorobabel, Zorobabel engendra Abioud, Abioud engendra Éliakim, Éliakim engendra Azor, Azor engendra Sadok, Sadok engendra Akim, Akim engendra Élioud, Élioud engendra Éléazar, Éléazar engendra Mattane, Mattane engendra Jacob, Jacob engendra Joseph, l'époux de Marie, de laquelle fut engendré Jésus, que l'on appelle Christ.

Le nombre total des générations est donc : depuis Abraham jusqu'à David, quatorze générations*; depuis

David jusqu'à l'exil à Babylone, quatorze générations ; depuis l'exil à Babylone jusqu'au Christ, quatorze générations.

Prière sur les offrandes

Sanctifie, Seigneur, les présents de ton Église, et donne-nous dans cette eucharistie le pain du ciel qui refera nos forces. Par Jésus… — ***Amen.***

2e préface de l'Avent, p. 231.

Antienne de la communion

Il vient, celui que tous les peuples attendent ; la maison du Seigneur va se remplir de gloire.

(cf. Ag 2, 8)

Prière après la communion

Dans cette communion, Dieu tout-puissant, tu as apaisé notre faim, mais nous te supplions encore : entretiens en nous le désir de brûler au feu de ton Esprit pour briller comme de vives lumières lorsque ton Fils viendra. Lui qui… — ***Amen.***

INVITATION

Et si je faisais un don à une association qui œuvre pour les exclus, les orphelins ? par exemple les Apprentis d'Auteuil ?

COMMENTAIRE

Racines couronnées

Genèse 49, 1-2. 8-10; Matthieu 1, 1-17

Nous entrons aujourd'hui dans la semaine préparatoire à la Nativité. La liturgie nous rappelle l'enracinement du Christ dans le peuple d'Israël par le choix des lectures. Jacob, empli de l'esprit de prophétie, n'annonce-t-il pas la venue de « celui à qui le pouvoir appartient », c'est-à-dire le Messie Roi ? Quant à l'évangile, il inscrit Jésus dans la lignée de Juda montrant ainsi qu'en lui, les Écritures trouvent leur accomplissement. De quoi fortifier notre foi et notre espérance ! ■

Sœur Emmanuelle Billoteau, ermite

✲ CLÉ DE LECTURE

« Quatorze générations »

Matthieu 1, 17 *(p. 115)*

Dans l'histoire d'Israël, Matthieu construit trois fois quatorze générations. Il affirme ainsi que la généalogie (la « genèse ») de Jésus s'inscrit dans le déroulé de la promesse de Dieu à son peuple : alliance avec Abraham, avec David, avec les exilés à Babylone. Jésus vient au terme d'une immense attente, d'une intense préparation dans l'expérience et le cheminement spirituel du peuple juif. Le nombre 14 représente en hébreu la somme des lettres du nom David (D W D soit 4 + 6 + 4), une façon de dire, par le jeu de la gématrie, que Jésus est bien le fils de David attendu, l'oint royal, trois fois – c'est-à-dire infiniment – plus grand que son ancêtre. C'est de lui que Dieu avait promis : « Je serai pour lui un père et il sera pour moi un fils » 2 S 7, 14. ■

Roselyne Dupont-Roc, bibliste

Temps de l'Avent, *messe du jour*

Antienne d'ouverture

Il vient le Christ, notre Roi : Jean lui rend témoignage :
« Voici l'Agneau qui devait venir. »

Prière

Tu le vois, Dieu tout-puissant, nous ployons sous le péché qui a soumis l'homme à sa loi : apporte-nous la délivrance grâce au renouveau que nous attendons de la naissance incomparable de ton Fils bien-aimé. Lui qui…

— Amen.

Lecture

du livre du prophète Jérémie (23, 5-8)

« Je susciterai pour David un Germe juste »

Voici venir des jours – oracle du Seigneur –, où je susciterai pour David un Germe juste : il régnera en vrai roi, il agira avec intelligence, il exercera dans le pays le droit et la justice. En ces jours-là, Juda sera sauvé, et Israël habitera en sécurité. Voici le nom qu'on lui donnera : « Le-Seigneur-est-notre-justice. » C'est pourquoi, voici venir des jours – oracle du Seigneur – où, pour prêter serment, on ne dira plus : « Par le Seigneur vivant, qui a fait monter du pays d'Égypte les fils d'Israël », mais :

« Par le Seigneur vivant, qui a fait monter du pays du nord les gens de la maison d'Israël, qui les a ramenés de tous les pays où il les avait chassés. » Car ils demeureront sur leur sol.
– Parole du Seigneur.

Psaume 71 (72)

℟ ***En ces jours-là fleurira la justice, grande paix jusqu'à la fin des temps.***

Dieu, donne au r**o**i tes pouvoirs,
à ce fils de r**o**i ta justice.
Qu'il gouverne ton pe**u**ple avec justice,
qu'il fasse dr**o**it aux malheureux ! ℟

Il délivrera le pa**u**vre qui appelle
et le malheure**u**x sans recours.
Il aura souci du f**a**ible et du pauvre,
du pauvre dont il sa**u**ve la vie. ℟

Béni soit le Seigneur, le Die**u** d'Israël,
lui seul f**a**it des merveilles !
Béni soit à jamais son n**o**m glorieux,
toute la terre soit remplie de sa gloire !
Am**e**n ! Amen ! ℟

Acclamation de l'Évangile

Alléluia, Alléluia. Viens, Chef de ton peuple Israël ! Toi qui as donné la Loi sur la montagne, délivre-nous par la vigueur de ton bras. ***Alléluia.***

13 - 19

Évangile de Jésus Christ

selon saint Matthieu (1, 18-24)

Jésus, engendré en Marie, épouse de Joseph, fils de David

Voici comment fut engendré Jésus Christ : Marie, sa mère, avait été accordée en mariage à Joseph ; avant qu'ils aient habité ensemble, elle fut enceinte par l'action de l'Esprit Saint. Joseph, son époux, qui était un homme juste, et ne voulait pas la dénoncer publiquement, décida de la renvoyer en secret. Comme il avait formé ce projet, voici que l'ange du Seigneur lui apparut en songe et lui dit : « Joseph, fils de David, ne crains pas de prendre chez toi Marie, ton épouse, puisque l'enfant qui est engendré en elle vient de l'Esprit Saint ; elle enfantera un fils, et tu lui donneras le nom de Jésus (c'est-à-dire : Le-Seigneur-sauve), car c'est lui qui sauvera son peuple de ses péchés. » Tout cela est arrivé pour que soit accomplie la parole du Seigneur prononcée par le prophète : *Voici que la Vierge concevra, et elle enfantera un fils ; on lui donnera le nom d'Emmanuel,* qui se traduit : « Dieu-avec-nous ». Quand Joseph se réveilla, il fit ce que l'ange du Seigneur lui avait prescrit : il prit chez lui son épouse.

Prière sur les offrandes

Que cette eucharistie, Seigneur, nous rende moins indignes de toi ; nous pourrons alors partager l'éternité de celui qui nous a guéris de la mort en prenant notre nature mortelle. Lui qui… ***— Amen.***

2e préface de l'Avent, p. 231.

Antienne de la communion

Voici que la Vierge va mettre
au monde un fils, auquel on donnera
le nom d'Emmanuel
ce qui veut dire : « Dieu-avec-nous ».
(Mt 1, 23 ; cf. Is 7, 14)

Prière après la communion

Puissions-nous accueillir avec ton Église, Dieu notre Père, le don de ton amour, et préparer dans la foi le jour prochain où nous fêterons notre relèvement. Par Jésus… ***— Amen.***

INVITATION

À la suite de Joseph, je me mets à l'écoute du Seigneur. Je peux prier pour ceux qui manquent de confiance, ceux qui sont saisis par le doute.

COMMENTAIRE

Le Germe juste Jérémie 23, 5-8

Jérémie nous parle de l'avenir que Dieu réserve à son peuple par le don d'un « Germe juste » issu de David. Notons l'insistance sur la justice dans les textes prophétiques annonçant le Messie. Voilà qui peut nous étonner, habitués que nous sommes à nous centrer sur l'amour et la miséricorde. Mais peut-il y avoir amour sans justice – tant au sens de l'équité dans le partage des biens de la terre, qu'au sens de la justesse dans les relations à l'autre et au Tout-Autre ? ■

***Sœur Emmanuelle Billoteau,** ermite*

SAMEDI 19 DÉCEMBRE 2020

3E SEMAINE DE L'AVENT COULEUR LITURGIQUE : VIOLET

Temps de l'Avent, *messe du jour*

Antienne d'ouverture

Celui qui doit venir viendra sans tarder ;
alors, plus de crainte pour nous, car il est notre Sauveur.
(cf. He 10, 37)

Prière

Par le signe merveilleux de la Vierge qui enfante, tu as fait connaître au monde, Seigneur, la splendeur de ta gloire ; aide-nous à célébrer le mystère de l'incarnation avec une foi sans défaut et dans l'obéissance du cœur. Par Jésus Christ…
— Amen.

Lecture

du livre des Juges (13, 2-7. 24-25a)

Un ange annonce la naissance de Samson

En ces jours-là, il y avait un homme de Soréa, du clan de Dane, nommé Manoah. Sa femme était stérile et n'avait pas eu d'enfant. L'ange du Seigneur apparut à cette femme et lui dit : « Tu es stérile et tu n'as pas eu d'enfant. Mais tu vas concevoir et enfanter un fils. Désormais, fais bien attention : ne bois ni vin ni boisson forte, et ne mange aucun aliment impur, car tu vas concevoir et enfanter un fils. Le rasoir ne passera pas sur sa

tête, car il sera voué à Dieu dès le sein de sa mère. C'est lui qui entreprendra de sauver Israël de la main des Philistins. »
La femme s'en alla dire à son mari : « Un homme de Dieu est venu me trouver ; il avait l'apparence d'un ange de Dieu tant il était imposant. Je ne lui ai pas demandé d'où il venait, et il ne m'a pas fait connaître son nom. Mais il m'a dit : "Tu vas devenir enceinte et enfanter un fils. Désormais ne bois ni vin ni boisson forte, et ne mange aucun aliment impur, car l'enfant sera voué à Dieu dès le sein de sa mère et jusqu'au jour de sa mort !" »
La femme enfanta un fils, et elle lui donna le nom de Samson. L'enfant grandit, le Seigneur le bénit, et l'Esprit du Seigneur commença à s'emparer de lui.
– Parole du Seigneur.

Psaume 70 (71)

℟ ***Je n'ai que ta louange à ma bouche, tout le jour, ta splendeur.***

En toi, Seigneur, j'ai mon refuge :
garde-moi d'être humilié pour toujours.
Dans ta justice, défends-moi, libère-moi,
tends l'oreille vers moi, et sauve-moi. ℟

Sois le rocher qui m'accueille,
toujours accessible ;
tu as résolu de me sauver :
ma forteresse et mon roc, c'est toi ! ℟

Seigneur mon Dieu, tu es mon espérance,
toi, mon soutien dès avant ma naissance,
tu m'as choisi dès le ventre de ma mère ;
tu seras ma louange toujours ! ℟

Je revivrai les exploits du Seigneur
en rappelant que ta justice est la seule.
Mon Dieu, tu m'as instruit dès ma jeunesse,
jusqu'à présent, j'ai proclamé tes merveilles. ℟

Acclamation de l'Évangile

Alléluia, Alléluia. Viens, Rameau de Jessé, étendard dressé à la face des nations ! Délivre-nous, ne tarde plus. ***Alléluia.***

Évangile de Jésus Christ

selon saint Luc (1, 5-25)

L'ange Gabriel annonce la naissance de Jean le Baptiste

Il y avait, au temps d'Hérode le Grand, roi de Judée, un prêtre du groupe d'Abia, nommé Zacharie. Sa femme aussi était descendante d'Aaron ; elle s'appelait Élisabeth. Ils étaient l'un et l'autre des justes devant Dieu : ils suivaient tous les commandements et les préceptes du Seigneur de façon irréprochable. Ils n'avaient pas d'enfant, car Élisabeth était stérile et, de plus, ils étaient l'un et l'autre avancés en âge.

Or, tandis que Zacharie, durant la période attribuée aux prêtres de son groupe, assurait le service du culte devant Dieu, il fut désigné par le sort, suivant l'usage des prêtres, pour aller offrir l'encens dans le sanctuaire du Seigneur. Toute la multitude du peuple était en prière au dehors à l'heure de l'offrande de l'encens. L'ange du Seigneur lui apparut, debout à droite de l'autel de l'encens. À sa vue, Zacharie fut bouleversé et la crainte le saisit. L'ange lui dit : « Sois sans crainte, Zacharie, car ta supplication a été exaucée : ta femme Élisabeth mettra au monde pour toi un fils, et tu lui donneras le nom de Jean. Tu seras dans la joie et l'allégresse, et beaucoup se réjouiront de sa naissance, car il sera grand devant le Seigneur. Il ne boira pas de vin ni de boisson forte, et il sera rempli d'Esprit Saint dès le ventre de sa mère ; il fera revenir de nombreux fils d'Israël au Seigneur leur Dieu ; il marchera devant, en présence du Seigneur, avec l'esprit et la puissance du prophète Élie, pour faire revenir le cœur des pères vers leurs enfants, ramener les rebelles à la sagesse des justes, et préparer au Seigneur un peuple bien disposé. » Alors Zacharie dit à l'ange : « Comment vais-je savoir que cela arrivera ? Moi, en effet, je suis un vieillard et ma femme est avancée en âge. » L'ange lui répondit : « Je suis Gabriel et je me tiens en présence de Dieu. J'ai été envoyé pour te parler et pour t'annoncer cette bonne nouvelle. Mais voici que tu seras réduit au silence et, jusqu'au jour où cela se réalisera, tu ne pourras plus parler, parce que tu n'as pas cru à mes paroles ; celles-ci s'accompliront en leur temps. »

Le peuple attendait Zacharie et s'étonnait qu'il s'attarde dans le sanctuaire. Quand il sortit, il ne pouvait pas leur parler, et ils comprirent que, dans le sanctuaire, il avait eu une vision. Il leur faisait des signes et restait muet. Lorsqu'il eut achevé son temps de service liturgique, il repartit chez lui. Quelque temps plus tard, sa femme Élisabeth conçut un enfant. Pendant cinq mois, elle garda le secret. Elle se disait : « Voilà ce que le Seigneur a fait pour moi, en ces jours où il a posé son regard pour effacer ce qui était ma honte devant les hommes. »

Prière sur les offrandes

Regarde avec bonté, Seigneur, l'offrande que nous apportons à cet autel : que ta puissance vienne consacrer les dons de notre indigence. Par Jésus… ***— Amen.***

2e préface de l'Avent, p. 231.

Antienne de la communion

Soleil levant, lumière d'en haut,
le Seigneur vient nous visiter, pour
diriger nos pas au chemin de la paix.
(Lc 1, 78-79)

Prière après la communion

Nous te remercions, Dieu tout-puissant, pour les bienfaits déjà reçus de toi ; éveille en nous le désir de ceux que tu vas bientôt nous donner ; nous accueillerons alors d'un cœur libéré la naissance de notre Sauveur. Lui qui…
— *Amen.*

INVITATION

Le bonheur d'enfanter, de donner naissance à un enfant de Dieu, est sans pareil. Je peux confier au Seigneur les parents privés de cette joie et lui demander de rendre leur amour autrement fécond.

COMMENTAIRE

Deux naissances à part Juges 13, 2-7. 24-25a ; Luc 1, 5-25

La naissance de Samson a des points communs avec celle de Jean : stérilité des parents surmontée par une intervention divine, mise à part dès avant la naissance pour une mission particulière – ce qui souligne la gratuité de l'appel. Mais si Jean Baptiste est resté fidèle à sa mission, Samson s'est égaré. Il n'en contribua pas moins, du fond de son impuissance, à libérer son peuple de l'oppression (cf. Jg 16). Car tel est bien le projet de Dieu sur l'humanité, que nous nous apprêtons à célébrer. ■

***Sœur Emmanuelle Billoteau,** ermite*

DIMANCHE 20 DÉCEMBRE 2020

4E DIMANCHE DE L'AVENT

ANNÉE B COULEUR LITURGIQUE : VIOLET

« Voici que tu vas concevoir et enfanter un fils. »
Luc 1, 31

© Évelyne Mary

Dieu habite au milieu de son peuple. Et Nathan rappelle l'essentiel : l'important n'est pas de construire une maison rutilante pour le Seigneur, mais d'accueillir sa présence en nos cœurs où il veut faire sa demeure. Comme Marie qui accueille dans son corps le Fils de Dieu lui-même, rendant possible le salut de toute l'humanité.

OUVERTURE DE LA CÉLÉBRATION

Chant d'entrée *(Suggestions p. 254)*

OU

Antienne d'ouverture

Cieux, faites venir le Juste comme une rosée ; qu'il descende des nuées comme une pluie bienfaisante : que la terre s'entrouvre et donne naissance au Sauveur.

(Is 45, 8)

Suggestion de préparation pénitentielle *(ou p. 225)*

En Jésus, la miséricorde de Dieu rejoint tout homme. Ouvrons-lui nos cœurs.

Seigneur Jésus, notre salut, tu t'es fait chair dans le sein de Marie, prends pitié de nous.

— Prends pitié de nous.

Ô Christ, Sauveur, par ton incarnation, tu t'es rendu proche de tout homme et de toute femme, prends pitié de nous.

— Prends pitié de nous.

Seigneur, Verbe éternel, tu deviens parole de vie dans nos cœurs, prends pitié de nous.

— Prends pitié de nous.

Que Dieu tout-puissant nous fasse miséricorde ; qu'il nous pardonne nos péchés et nous conduise à la vie éternelle. ***— Amen.***

Pendant l'Avent, on omet le Gloire à Dieu.

Prière

Que ta grâce, Seigneur notre Père, se répande en nos cœurs : par le message de l'ange, tu nous as fait connaître l'incarnation de ton Fils bien-aimé, conduis-nous par sa passion et par sa croix jusqu'à la gloire de la résurrection. Par Jésus Christ… ***– Amen.***

LITURGIE DE LA PAROLE

Lecture du deuxième livre de Samuel (7, 1-5. 8b-12. 14a. 16)

La royauté de David subsistera toujours devant le Seigneur

Le roi David habitait enfin dans sa maison. Le Seigneur lui avait accordé la tranquillité en le délivrant de tous les ennemis qui l'entouraient. Le roi dit alors au prophète Nathan : « Regarde ! J'habite dans une maison de cèdre, et l'arche de Dieu habite sous un abri de toile ! » Nathan répondit au roi : « Tout ce que tu as l'intention de faire, fais-le, car le Seigneur est avec toi. »

Mais, cette nuit-là, la parole du Seigneur fut adressée à Nathan : « Va dire à mon serviteur David : Ainsi parle le Seigneur : Est-ce toi qui me bâtiras une maison pour que j'y habite ? C'est moi qui t'ai pris au pâturage, derrière le troupeau, pour que tu sois le chef de mon peuple Israël. J'ai été avec toi partout où tu es allé, j'ai abattu devant toi tous tes ennemis. Je t'ai fait un nom aussi grand que celui

des plus grands de la terre. Je fixerai en ce lieu mon peuple Israël, je l'y planterai, il s'y établira et ne tremblera plus, et les méchants ne viendront plus l'humilier, comme ils l'ont fait autrefois, depuis le jour où j'ai institué des juges pour conduire mon peuple Israël. Oui, je t'ai accordé la tranquillité en te délivrant de tous tes ennemis. Le Seigneur t'annonce qu'il te fera lui-même une maison. Quand tes jours seront accomplis et que tu reposeras auprès de tes pères, je te susciterai dans ta descendance un successeur, qui naîtra de toi, et je rendrai stable sa royauté. Moi, je serai pour lui un père ; et lui sera pour moi un fils. Ta maison et ta royauté subsisteront toujours devant moi, ton trône sera stable pour toujours. »
– Parole du Seigneur.

Psaume 88 (89)

℟ ***Ton amour, Seigneur, sans fin je le chante !***

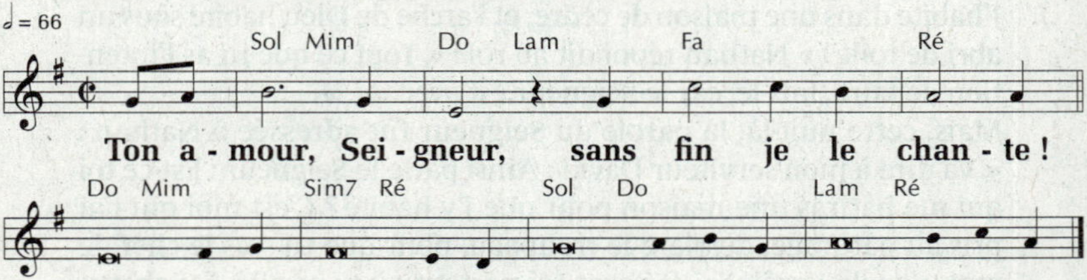

T. : AELF; M. : G. Previdi; Éd. : ADF.

L'amour du Seigneur, sans fin je le chante ;
ta fidélité, je l'annonce d'âge en âge.
Je le dis : C'est un amour bâti pour toujours ;
ta fidélité est plus stable que les cieux. ℟

Retrouvez ce psaume sur le CD "Les psaumes de l'année B"

« Avec mon élu, j'ai fait une alliance,
j'ai juré à David, mon serviteur :
j'établirai ta dynastie pour toujours,
je te bâtis un trône pour la suite des âges. » ℟

« Il me dira : "Tu es mon Père,
mon Dieu, mon roc et mon salut !"
Sans fin je lui garderai mon amour,
mon alliance avec lui sera fidèle. » ℟

Lecture de la lettre de saint Paul apôtre aux Romains (16, 25-27)

Le mystère gardé depuis toujours dans le silence est maintenant manifesté

Frères, à Celui qui peut vous rendre forts selon mon Évangile qui proclame Jésus Christ : révélation d'un mystère gardé depuis toujours dans le silence, mystère maintenant manifesté au moyen des écrits prophétiques, selon l'ordre du Dieu éternel, mystère porté à la connaissance de toutes les nations pour les amener à l'obéissance de la foi, à Celui qui est le seul sage, Dieu, par Jésus Christ, à lui la gloire pour les siècles. Amen. – Parole du Seigneur.

Acclamation de l'Évangile

Alléluia. Alléluia. Voici la servante du Seigneur ; que tout m'advienne selon ta parole. ***Alléluia.***

U 63-87 ; M. : P. Robert ; Bayard.

Évangile de Jésus Christ selon saint Luc (1, 26-38)

« Voici que tu vas concevoir et enfanter un fils »

En ce temps-là, l'ange Gabriel fut envoyé par Dieu dans une ville de Galilée, appelée Nazareth, à une jeune fille vierge, accordée en mariage à un homme de la maison de David, appelé Joseph ; et le nom de la jeune fille était Marie. L'ange entra chez elle et dit : « Je te salue, Comblée-de-grâce, le Seigneur est avec toi. » À

cette parole, elle fut toute bouleversée, et elle se demandait ce que pouvait signifier cette salutation. L'ange lui dit alors : « Sois sans crainte, Marie, car tu as trouvé grâce auprès de Dieu. Voici que tu vas concevoir et enfanter un fils ; tu lui donneras le nom de Jésus. Il sera grand, il sera appelé Fils du Très-Haut ; le Seigneur Dieu lui donnera le trône de David son père ; il régnera pour toujours sur la maison de Jacob, et son règne n'aura pas de fin. » Marie dit à l'ange : « Comment cela va-t-il se faire, puisque je ne connais pas d'homme ? » L'ange lui répondit : « L'Esprit Saint viendra sur toi, et la puissance du Très-Haut te prendra sous son ombre ; c'est pourquoi celui qui va naître sera saint, il sera appelé Fils de Dieu. Or voici que, dans sa vieillesse, Élisabeth, ta parente, a conçu, elle aussi, un fils et en est à son sixième mois, alors qu'on l'appelait la femme stérile. Car rien n'est impossible à Dieu. » Marie dit alors : « Voici la servante du Seigneur ; que tout m'advienne selon ta parole. »
Alors l'ange la quitta.

Homélie

Profession de foi *(p. 227)*

Suggestion de prière universelle

Le prêtre :

Tournons-nous avec confiance vers Jésus, notre frère, né d'une femme et proche de tout homme :

℟ ***Oh ! Seigneur, en ce jour, écoute nos prières.***

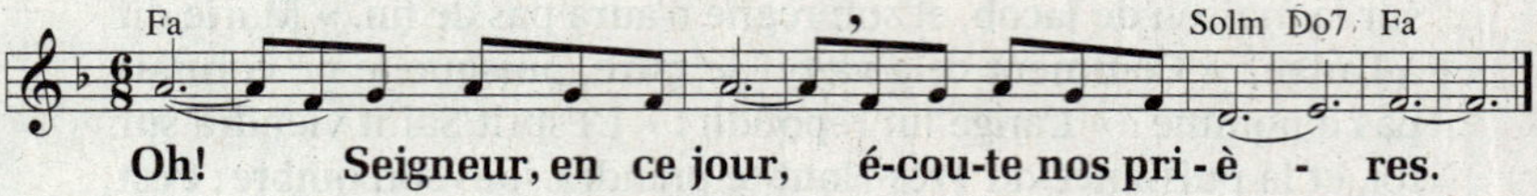

P 95 ; T. : et M. : R. Fau ; ADF © Studio SM.

Le diacre ou un lecteur :

Pour les jeunes que tu visites aujourd'hui et que tu appelles à créer en eux un espace pour toi, Christ, notre vie, nous te prions. ℟

Pour les hommes et les femmes sans abris, pour les enfants de la rue, Christ, notre frère, nous te prions. ℟

Pour les membres des gouvernements, confrontés chaque jour à des décisions impactant la vie de leurs frères et sœurs en humanité, Christ, notre roi, nous te prions. ℟

Pour les chrétiens, appelés à devenir pour le monde, signes de ta présence et de ton amour, Christ, notre Sauveur, nous te prions. ℟

(Ces intentions seront adaptées ou modifiées selon les circonstances.)

Le prêtre :
Seigneur Jésus, accueille favorablement nos demandes. Toi qui règnes pour les siècles des siècles. **— *Amen.***

LITURGIE EUCHARISTIQUE

Prière sur les offrandes
Que ton Esprit, Seigneur notre Dieu, dont la puissance a fécondé le sein de la Vierge Marie, consacre les offrandes posées sur cet autel. Par Jésus… **— *Amen.***

Prière eucharistique *(2e préface de l'Avent, p. 231)*

Chant de communion *(Suggestions p. 254)*
OU
Antienne de la communion
Voici que la Vierge concevra et elle enfantera un fils ;
on lui donnera pour nom Emmanuel : « Dieu-avec-nous ».
(Mt 1, 23 [Is 7, 14])

Prière après la communion
Nous avons reçu dans ton sacrement, Seigneur, le gage de la rédemption éternelle ; accorde-nous une ferveur qui grandisse à l'approche de Noël, pour bien fêter la naissance de ton Fils. Lui qui… **— *Amen.***

CONCLUSION DE LA CÉLÉBRATION

Bénédiction solennelle

Vous croyez que le Fils de Dieu est venu dans ce monde, et vous attendez le jour où il viendra de nouveau ; à la clarté de cette lumière qui lève, que Dieu son Père vous guide en toutes vos démarches et qu'il multiplie sur vous ses bénédictions.

– Amen.

Qu'il rende ferme votre foi, joyeuse votre espérance, et constante votre charité.

– Amen.

La venue du Rédempteur pauvre parmi les pauvres est déjà pour vous une grande joie ; quand il apparaîtra dans toute sa gloire, qu'il vous ouvre le bonheur sans fin.

– Amen.

Et que Dieu tout-puissant vous bénisse, le Père, et le Fils ✠ et le Saint-Esprit.

– Amen.

Envoi

COMMENTAIRE

Père Emmanuel Schwab, curé de la paroisse Saint-Léon, Paris (XVe).

Consentir à l'œuvre de Dieu

C'est une annonciation. Ce n'est pas une « demandation ». Aucune demande n'est faite à la Vierge de Nazareth. Une visite de la part de Dieu ; une annonce ; une question ; un éclairage ; un consentement. L'appel de Dieu n'est pas une proposition : c'est une révélation, l'ouverture d'un chemin. Marie est l'Immaculée pour pouvoir consentir d'une liberté pleine et entière à l'œuvre de Dieu. Il y a quelque chose de nuptial dans cet événement : Dieu se donne à Marie en lui donnant de porter le Verbe fait chair ; Marie se donne à Dieu en acquiesçant de tout son être à ce don. Réciprocité.

N'en va-t-il pas de même pour tout appel de Dieu ? À commencer par l'appel à la vie au jour où nous avons été conçus ? Mais la réponse n'est pas aveugle ou irréfléchie. Marie interroge. Le •••

••• Verbe se fait chair en son intelligence et en son cœur tout autant que dans son corps. C'est tout l'être qui est mobilisé par l'appel du Très-Haut.

Et après son consentement : « Alors l'ange la quitta. » Solitude. Seule reste l'annonce entendue. Élisabeth confirmera l'événement par sa bénédiction. Mais cette annonce sera crucifiée en son temps : au pied de la Croix. « Il régnera pour toujours sur la maison de Jacob, et son règne n'aura pas de fin » sonne étrangement… Le Verbe sera crucifié dans le cœur de Marie comme il le sera sur la Croix. L'enfant qui sera déposé dans la mangeoire est bien Fils d'homme livré aux mains des pécheurs.

Comment ma méditation de la parole de Dieu
et mon approfondissement de la révélation me disposent
à consentir à l'œuvre de Dieu ?

Si Dieu me fait clairement entendre un appel dans ma vie,
suis-je disposé à consentir ? ■

Prions en Église Junior

LIRE L'ÉVANGILE AVEC LES ENFANTS

CE QUE JE DÉCOUVRE

L'ange Gabriel entre dans la maison de Marie.
Il lui annonce qu'elle sera la maman de Jésus.
Marie se laisse approcher par l'ange
et elle l'écoute. Elle lui parle.
Elle lui fait confiance. Depuis toute petite,
Marie a appris à aimer et servir Dieu.
Alors quand l'ange Gabriel vient la voir,
elle peut lui répondre :
« Je suis la servante du Seigneur ! »

CE QUE JE VIS

Quel ami as-tu récemment invité
chez toi ? Comment cela s'est-il passé ?
Jésus vient... Comment le reçois-tu ?
Demande à l'un de tes parents ou au prêtre de ta paroisse de te bénir. Quand tu prieras, tu pourras dire :
« Je suis béni, Jésus. Je suis prêt à t'accueillir. »

Texte : père Cédric Kuntz. Illustrations : Marcelino Truong

MÉDITATION BIBLIQUE
4E DIMANCHE DE L'AVENT
Évangile selon saint Luc 1, 26-38

Après le dialogue

Noël commence neuf mois avant par une prise de décision courageuse et personnelle.

Le temps de la préparation

« Marie dit alors :
"Voici la servante du Seigneur ;
que tout m'advienne
selon ta parole." » (Lc 1, 38)

Le temps de l'observation

C'est une discussion fondatrice. Tout part d'un dialogue, tout se continuera par un dialogue. C'est un échange de paroles en vérité qui se joue entre Marie et l'ange. Marie parle à la première personne, réfléchit, soupèse sa réponse, trop consciente de ce qu'une maternité implique toujours pour la mère. À la fin de l'échange, l'interlocuteur disparaît. « Alors l'ange la quitta. » Marie reste seule avec le souvenir de l'événement qui vient de la toucher en plein cœur. À partir de là, les conséquences du dialogue vont devenir visibles et ce choix fait dans l'intimité va apparaître dans l'histoire des hommes. Pour affronter ce qui l'attend, Marie sera aidée, mais seule. L'ange ne reste pas. La révélation dont il a été porteur n'évitera pas à Marie les difficultés et les problèmes même si, comme n'importe quelle autre personne, elle recevra de Dieu ce qu'il lui faut de courage et de force. L'ange part et Marie reste seule, face à Dieu et face à sa propre histoire.

Le temps de la méditation

Après le passage de l'ange, Marie est devenue adulte. Elle l'est non pas parce qu'elle va enfanter mais parce qu'elle a fait un choix en conscience qui engage sa vie. L'ange est venu la rencontrer pour l'aider à opérer ce passage, à monter une marche supplémentaire sur son chemin. « Alors l'ange la quitta. » Nous connaissons bien ces moments où, après une forme de communion à Dieu, l'ange s'éloigne et nous restons là, à expérimenter une forme de plénitude et de solitude. Ce moment est souvent l'occasion de comprendre que l'existence est quelque chose d'unique et de précieux, que personne ne pourra vivre à notre place. Nous avons la chance, dans cette vie, de pouvoir décider de choses fondatrices pour nos existences. Devenir adulte, c'est accepter de poser des choix importants et de savoir que nous expérimenterons personnellement les conséquences. Sur ce chemin de vie et de croissance, Marie est la première.

Le temps de la prière

**« Oui, je t'ai accordé
la tranquillité en te délivrant
de tous tes ennemis. Le Seigneur
t'annonce qu'il te fera lui-même
une maison. » (2 S 7, 11)** ■

Marie-Laure Durand,
bibliste

DES IMAGES POUR LA FOI

4E DIMANCHE DE L'AVENT

L'annonce faite à Marie

Avec l'annonce de l'ange Gabriel à Marie, l'union entre Dieu et les hommes est scellée. Placé sous le signe de la Croix, le chemin du salut est ouvert.

Les pieds reposant sur un petit escabeau orné de pierreries, Marie est assise sur un trône orné d'un coussin au milieu d'une architecture faisant penser à un palais. Si l'artiste a représenté l'humble jeune fille de Nazareth comme une impératrice, c'est pour souligner l'importance du rôle qu'elle joue dans l'œuvre du salut. Ses mains disent sa disponibilité au plan de Dieu : elle devient le trône du Verbe incarné. Joignant le geste à la parole, l'archange Gabriel a transmis son message. La présence de l'Esprit n'est pas suggérée ici par une colombe, mais par la couleur rouge du manteau de l'ange, par l'aspect aérien de ses ailes et par le souffle qui anime ses vêtements. La dimension symbolique du décor est aussi importante : au centre de l'image, une colonne de porphyre souligne l'axe vertical (qui se prolonge dans une tour à l'arrière plan) ; avec la poutre en bois qu'elle porte, elle forme de manière distincte le signe de la croix. Le rideau que soutient la poutre est replié et relevé, allusion au rideau du Temple qui fermait le saint des saints. Par sa mort et sa résurrection, le Christ supprime toute séparation entre Dieu et les hommes. L'Annonciation est l'inauguration de ce mystère. ■

Dominique Pierre, journaliste

Annonciation (debut XIe siecle), miniature de l'école de Reichenau, bibliothèque Queriniana, Brescia (Italie).

© Akg-images / André Held

LUNDI 21 DÉCEMBRE 2020

4ᴱ SEMAINE DE L'AVENT COULEUR LITURGIQUE : VIOLET

Temps de l'Avent, *messe du jour*
(Saint Pierre Canisius)

Antienne d'ouverture
Voici venir le Seigneur Souverain :
il aura pour nom Emmanuel car il sera :
« Dieu-avec-nous ». (cf. Is 7, 14 ; 8, 10)

Prière
Écoute avec bonté, Seigneur, la prière de ton peuple qui se réjouit de la venue de ton Fils en notre chair ; puissions-nous, quand il viendra dans sa gloire, obtenir le bonheur de la vie éternelle. Par Jésus Christ… ***— Amen.***

Lecture
du Cantique des Cantiques (2, 8-14)

« Voici mon bien-aimé qui vient. Il bondit sur les montagnes »

La voix de mon bien-aimé ! C'est lui, il vient… Il bondit sur les montagnes, il court sur les collines, mon bien-aimé, pareil à la gazelle, au faon de la biche.
Le voici, c'est lui qui se tient derrière notre mur : il regarde aux fenêtres, guette par le treillage. Il parle, mon bien-aimé, il me dit : Lève-toi, mon amie, ma toute belle, et viens…
Vois, l'hiver s'en est allé, les pluies ont cessé, elles se sont enfuies.
Sur la terre apparaissent les fleurs, le temps des chansons est venu et

la voix de la tourterelle s'entend sur notre terre.
Le figuier a formé ses premiers fruits, la vigne fleurie exhale sa bonne odeur. Lève-toi, mon amie, ma toute belle, et viens…
Ma colombe, dans les fentes du rocher, dans les retraites escarpées, que je voie ton visage, que j'entende ta voix ! Ta voix est douce et ton visage, charmant.
– Parole du Seigneur.

On peut aussi lire Sophonie 3, 14-18a.

Psaume 32 (33)

℟ ***Criez de joie pour le Seigneur, chantez-lui le cantique nouveau.***

Rendez grâce au Seigneur sur la cithare,
jouez pour lui sur la harpe à dix cordes.
Chantez-lui le cantique nouveau,
de tout votre art soutenez l'ovation. ℟

Le plan du Seigneur demeure pour toujours,
les projets de son cœur subsistent
d'âge en âge.
Heureux le peuple dont le Seigneur
est le Dieu,
heureuse la nation qu'il s'est choisie
pour domaine ! ℟

Nous attendons notre vie du Seigneur :
il est pour nous un appui, un bouclier.
La joie de notre cœur vient de lui,
notre confiance est dans son nom
très saint. ℟

Acclamation de l'Évangile

Alléluia. Alléluia. Viens, Emmanuel, notre Législateur et notre Roi ! Sauve-nous, Seigneur notre Dieu. ***Alléluia.***

Évangile de Jésus Christ

selon saint Luc (1, 39-45)

« D'où m'est-il donné que la mère de mon Seigneur vienne jusqu'à moi ? »

En ces jours-là, Marie se mit en route et se rendit avec empressement vers la région montagneuse, dans une ville de Judée. Elle entra dans la maison de Zacharie et salua Élisabeth. Or, quand Élisabeth entendit la salutation de Marie, l'enfant tressaillit en elle. Alors, Élisabeth fut remplie d'Esprit Saint, et s'écria d'une voix forte : « Tu es bénie entre toutes les femmes, et le fruit de tes entrailles est béni. D'où m'est-il donné que la mère de mon Seigneur vienne jusqu'à moi ? Car, lorsque tes paroles de salutation sont parvenues à mes oreilles, l'enfant a tressailli d'allégresse en moi. Heureuse celle qui a cru à l'accomplissement des paroles qui lui furent dites de la part du Seigneur. »

Prière sur les offrandes

Seigneur, tu as donné ces présents à ton Église pour qu'elle puisse te les offrir ; daigne les accueillir favorablement : qu'ils deviennent, par ta puissance, le sacrement de notre salut. Par Jésus… ***— Amen.***

2ᵉ préface de l'Avent, p. 231.

Antienne de la communion

Bienheureuse, toi qui as cru
à l'accomplissement des paroles
qui te furent dites de la part
du Seigneur.
(cf. Lc 1, 45)

Prière après la communion

Que cette communion, Seigneur, garde à jamais ton peuple : qu'elle nous attache à ton service, et nous obtienne le salut de l'âme et du corps. Par Jésus… — ***Amen.***

INVITATION

« Il vient ! » Suis-je prêt à accueillir le Sauveur ?
Je pourrais préparer la crèche, si je ne l'ai pas encore fait.

COMMENTAIRE

Dieu à la maison

Luc 1, 39-45

« Un hôte à la maison, c'est Dieu dans la maison », dit un proverbe russe. C'est d'autant plus vrai lorsque l'hôte se nomme Marie et porte le Christ en son sein. Dieu est présent dans toutes nos rencontres. Celle d'un coursier ou d'un fournisseur, heureux d'être accueilli par un sourire, celle d'un voisin venu nous présenter ses vœux de Nouvel An, celle de nos enfants et petits-enfants arrivés. À l'heure de la naissance de l'Enfant, de la ville voisine ou d'au-delà des mers. ■

Père Thibault Van Den Driessche, assomptionniste

MARDI 22 DÉCEMBRE 2020

4E SEMAINE DE L'AVENT COULEUR LITURGIQUE : VIOLET

Temps de l'Avent, *messe du jour*

Antienne d'ouverture

Portes, levez vos frontons !
élevez-vous, portes éternelles :
qu'il entre, le Roi de gloire !
(Ps 23, 7)

Prière

Tu n'as pas supporté, Seigneur, que l'homme soit abandonné à la mort, mais tu as voulu le racheter en lui envoyant ton Fils unique ; accorde, nous t'en prions, à ceux qui s'inclineront devant l'enfant de Bethléem de communier à la vie d'un tel Rédempteur. Lui qui… ***— Amen.***

Lecture

du premier livre de Samuel (1, 24-38)

Anne rend grâce pour la naissance de son fils Samuel

En ces jours-là, lorsque Samuel fut sevré, Anne, sa mère, le conduisit à la maison du Seigneur, à Silo ; l'enfant était encore tout jeune. Anne avait pris avec elle un taureau de trois ans, un sac de farine et une outre de vin. On offrit le taureau en sacrifice, et on amena l'enfant au prêtre Éli. Anne lui dit alors : « Écoute-moi, mon seigneur, je t'en prie ! Aussi vrai que tu es vivant, je suis cette femme qui se tenait ici près de toi pour prier le Seigneur. C'est pour obtenir cet enfant que je priais, et le Seigneur me l'a donné en réponse à ma demande. À mon tour je le donne au Seigneur pour qu'il en dispose. Il demeurera à la disposition du Seigneur tous les jours de sa vie. » Alors ils se prosternèrent devant le Seigneur.

– Parole du Seigneur.

Psaume 1 Samuel 2, 1, 4-5ab, 6-7, 8abcd

℟ ***Mon cœur exulte à cause du Seigneur : c'est lui qui me sauve.***

Mon cœur exulte à cause du Seigneur ;
mon front s'est relevé grâce à mon Dieu !
Face à mes ennemis, s'ouvre ma bouche :
oui, je me réjouis de ton salut ! ℟

L'arc des forts est brisé,
mais le faible se revêt de vigueur.
Les plus comblés s'embauchent pour du pain,
et les affamés se reposent. ℟

Le Seigneur fait mourir et vivre ;
il fait descendre à l'abîme et en ramène.
Le Seigneur rend pauvre et riche ;
il abaisse et il élève. ℟

De la poussière il relève le faible,
il retire le malheureux de la cendre
pour qu'il siège parmi les princes
et reçoive un trône de gloire. ℟

Acclamation de l'Évangile

Alléluia, Alléluia. Viens, Roi de l'univers, pierre angulaire de l'Église ! À l'homme que tu as pétri de la terre viens apporter le salut. ***Alléluia.***

Évangile de Jésus Christ

selon saint Luc (1, 46-56)

« Le Puissant fit pour moi des merveilles »

En ce temps-là, Marie rendit grâce au Seigneur en disant : « Mon âme exalte le Seigneur, exulte mon esprit en Dieu, mon Sauveur ! Il s'est penché sur son humble servante ; désormais tous les âges me diront bienheureuse. Le Puissant fit pour moi des merveilles ; Saint est son nom ! Sa miséricorde s'étend d'âge en âge sur ceux qui le craignent. Déployant la force de son bras, il disperse les superbes. Il renverse les puissants de leurs trônes, il élève les humbles. Il comble de biens les affamés, renvoie les riches les mains vides. Il relève Israël son serviteur, il se souvient de son amour de la promesse faite à nos pères, en faveur d'Abraham et sa descendance à jamais. »

Marie resta avec Élisabeth environ trois mois, puis elle s'en retourna chez elle.

Prière sur les offrandes

Confiants dans ton amour, Seigneur, nous venons à ton autel avec nos offrandes : puissions-nous, par un effet de ta grâce, être purifiés dans l'eucharistie que nous célébrons. Par Jésus… ***— Amen.***

2e préface de l'Avent, p. 231.

Antienne de la communion
Mon âme exalte le Seigneur : le Puissant a fait pour moi des merveilles.
(Lc 1, 46. 49)

Prière après la communion
Dans cette communion, Seigneur, donne-nous le courage d'aller au-devant de notre Sauveur en faisant ce qui est bon pour obtenir le bonheur sans limite. Par Jésus… — ***Amen.***

INVITATION

Saint Jean-Paul II nous invite à nous mettre à l'écoute de Marie, et à faire de notre vie un Magnificat ! Je choisis une merveille du Seigneur en moi ou autour de moi, et je lui chante mon « merci ».

COMMENTAIRE

Grandir en humilité

1 Samuel 1, 24-38 ; Luc 1, 46-56

« L'orgueil meurt un quart d'heure après notre mort. » Cette sentence lapidaire, que l'on entend parfois, a au moins le mérite d'ébranler notre superbe, ce qui n'est pas une mince affaire. Car l'humilité, dont font preuve Anne et Marie, ne va pas de soi. Même les ascèses les plus impressionnantes peuvent cacher un indicible orgueil. Et l'humilité ? Elle peut nous inonder, dans la mesure où nous nous émerveillons des bontés du Seigneur. ■

***Père Thibault Van Den Driessche**, assomptionniste*

MERCREDI 23 DÉCEMBRE 2020

4ᴱ SEMAINE DE L'AVENT COULEUR LITURGIQUE : VIOLET

Temps de l'Avent, *messe du jour*
(Saint Jean de Kenty)

Antienne d'ouverture

Un enfant va naître ; on l'appellera Dieu Fort :
en lui seront bénis tous les peuples de la terre. (cf. Is 9, 6 ; Ps 71, 17)

Prière

Dieu éternel et tout-puissant, nous allons bientôt célébrer la naissance de ton Fils ; il a voulu prendre chair de la Vierge Marie, il s'est lié pour toujours à notre humanité : qu'il montre ta miséricorde aux pauvres serviteurs que nous sommes. Lui qui… — ***Amen.***

Lecture

du livre du prophète Malachie (3, 1-4. 23-24)

« Je vais vous envoyer Élie le prophète, avant que vienne le jour du Seigneur »

Ainsi parle le Seigneur Dieu : Voici que j'envoie mon messager pour qu'il prépare le chemin devant moi ; et soudain viendra dans son Temple le Seigneur que vous cherchez. Le messager de l'Alliance que vous désirez, le voici qui vient – dit le Seigneur de l'univers. Qui pourra soutenir le jour de sa venue ? Qui pourra rester debout lorsqu'il se montrera ? Car il est pareil au feu du fondeur, pareil à la lessive des blanchisseurs. Il s'installera pour fondre et purifier : il purifiera les fils de Lévi, il les affinera comme l'or et

l'argent ; ainsi pourront-ils, aux yeux du Seigneur, présenter l'offrande en toute justice. Alors, l'offrande de Juda et de Jérusalem sera bien accueillie du Seigneur, comme il en fut aux jours anciens, dans les années d'autrefois. Voici que je vais vous envoyer Élie le prophète, avant que vienne le jour du Seigneur, jour grand et redoutable. Il ramènera le cœur des pères vers leurs fils, et le cœur des fils vers leurs pères, pour que je ne vienne pas frapper d'anathème le pays !
– Parole du Seigneur.

Psaume 24 (25)

℟ ***Redressez-vous et relevez la tête car votre rédemption approche.***

Seigneur, enseigne-m**o**i tes voies,
fais-moi conn**a**ître ta route.
Dirige-moi par ta vérit**é**, enseigne-moi,
car tu es le Die**u** qui me sauve. ℟

Il est droit, il est b**o**n, le Seigneur,
lui qui montre aux péche**u**rs le chemin.
Sa justice dir**i**ge les humbles,
il enseigne aux h**u**mbles son chemin. ℟

Les voies du Seigneur sont amo**u**r et vérité
pour qui veille à son alli**a**nce et à ses lois.
Le secret du Seigneur est pour ce**u**x
qui le craignent ;
à ceux-là, il fait conn**a**ître son alliance. ℟

Acclamation de l'Évangile

Alléluia, Alléluia. Viens, Espérance des nations, Sauveur de tous les peuples ! Viens sauver ce qui était perdu. ***Alléluia.***

Évangile de Jésus Christ
selon saint Luc (1, 57-66)

Naissance de Jean le Baptiste

Quand fut accompli le temps où Élisabeth devait enfanter, elle mit au monde un fils. Ses voisins et sa famille apprirent que le Seigneur lui avait montré la grandeur de sa miséricorde, et ils se réjouissaient avec elle.

Le huitième jour, ils vinrent pour la circoncision de l'enfant. Ils voulaient l'appeler Zacharie, du nom de son père. Mais sa mère prit la parole et déclara : « Non, il s'appellera Jean. » On lui dit : « Personne dans ta famille ne porte ce nom-là ! » On demandait par signes au père comment il voulait l'appeler. Il se fit donner une tablette sur laquelle il écrivit : « Jean est son nom. » Et tout le monde en fut étonné. À l'instant même, sa bouche s'ouvrit, sa langue se délia : il parlait et il bénissait Dieu. La crainte saisit alors tous les gens du voisinage et, dans toute la région montagneuse de Judée, on racontait tous ces événements. Tous ceux qui les apprenaient les conservaient dans leur cœur et disaient : « Que sera donc cet enfant ? » En effet, la main du Seigneur était avec lui.

Prière sur les offrandes

Que cette offrande Seigneur, où ton Église te présente la parfaite adoration de ton Fils, nous rétablisse dans ton amitié, pour que nous fêtions d'un cœur pur la naissance de notre Rédempteur. Lui qui… ***— Amen.***

2e préface de l'Avent, p. 231.

Antienne de la communion

« Voici que je me tiens à la porte
et que je frappe, dit le Seigneur ;
si quelqu'un entend ma voix,
s'il m'ouvre, j'entrerai chez lui,
je prendrai mon repas avec lui,
et lui avec moi. » (Ap 3, 20)

Prière après la communion

Accorde la paix, Seigneur, à ceux que tu as nourris d'un aliment spirituel, pour que jamais ne faiblisse leur vigilance à guetter la venue de ton Fils. Lui qui… **— *Amen.***

INVITATION

Je prends un temps de relecture de ma vie. Et si je demandais pardon pour mes erreurs par le sacrement de réconciliation ?

COMMENTAIRE

Piments d'espérance

Malachie 3, 1-4. 23-24

Ils sont nombreux les messagers de la Bonne Nouvelle : Raphaël, compagnon de route du jeune Tobie, Gabriel, annonçant un heureux événement à Marie, une myriade d'anges révélant aux bergers la divine naissance, tous les prophètes jusqu'à Jean Baptiste, et les témoins de la foi qui jamais n'ont manqué. Même s'ils nous secouent, sans eux la vie serait terne, morne, fade. Ils salent, poivrent, pimentent nos vies de joie et d'espérance, puis nous soufflent à l'oreille : « Fais de même. » ■

***Père Thibault Van Den Driessche**, assomptionniste*

JEUDI 24 DÉCEMBRE 2020

4E SEMAINE DE L'AVENT COULEUR LITURGIQUE : VIOLET

Temps de l'Avent, *messe du jour*

Antienne d'ouverture

Voici venue la plénitude des temps :
Dieu a envoyé son Fils sur la terre. (cf. Ga 4, 4)

Prière

Seigneur Jésus, hâte-toi, ne tarde plus : que ta venue réconforte et relève ceux qui ont foi dans ton amour. Toi qui… — ***Amen.***

Lecture

du deuxième livre de Samuel (7, 1-5. 8b-12. 14a. 16)

La royauté de David subsistera pour toujours devant la face du Seigneur

Le roi David habitait enfin dans sa maison. Le Seigneur lui avait accordé la tranquillité en le délivrant de tous les ennemis qui l'entouraient. Le roi dit alors au prophète Nathan : « Regarde ! J'habite dans une maison de cèdre, et l'arche de Dieu habite sous un abri de toile ! » Nathan répondit au roi : « Tout ce que tu as l'intention de faire, fais-le, car le Seigneur est avec toi. »

Mais, cette nuit-là, la parole du Seigneur fut adressée à Nathan : « Va dire à mon serviteur David : Ainsi parle le Seigneur : Est-ce toi qui me bâtiras* une maison pour que j'y habite ? C'est moi qui t'ai pris au pâturage, derrière le troupeau, pour

que tu sois le chef de mon peuple Israël. J'ai été avec toi partout où tu es allé, j'ai abattu devant toi tous tes ennemis. Je t'ai fait un nom aussi grand que celui des plus grands de la terre. Je fixerai en ce lieu mon peuple Israël, je l'y planterai, il s'y établira et ne tremblera plus, et les méchants ne viendront plus l'humilier, comme ils l'ont fait autrefois, depuis le jour où j'ai institué des juges pour conduire mon peuple Israël. Oui, je t'ai accordé la tranquillité en te délivrant de tous tes ennemis. Le Seigneur t'annonce qu'il te fera lui-même une maison. Quand tes jours seront accomplis et que tu reposeras auprès de tes pères, je te susciterai dans ta descendance un successeur, qui naîtra de toi, et je rendrai stable sa royauté. Moi, je serai pour lui un père ; et lui sera pour moi un fils. Ta maison et ta royauté subsisteront toujours devant moi, ton trône sera stable pour toujours. »
– Parole du Seigneur.

Psaume 88 (89)

℟ ***Ton amour, Seigneur, sans fin je le chante !***

L'amour du Seigneur, sans fin je le chante ;
ta fidélité, je l'annonce d'âge en âge.
Je le dis : C'est un amour bâti pour toujours ;
ta fidélité est plus stable que les cieux. ℟

« Avec mon élu, j'ai fait une alliance,
j'ai juré à David, mon serviteur :
J'établirai ta dynastie pour toujours,
je te bâtis un trône pour la suite des âges. ℟

« Il me dira : "Tu es mon Père,
mon Dieu, mon roc et mon salut !"
Sans fin je lui garderai mon amour,
mon alliance avec lui sera fidèle. » ℟

Acclamation de l'Évangile

Alléluia, Alléluia. Viens, Soleil levant, splendeur de justice et lumière éternelle ! Illumine ceux qui habitent les ténèbres et l'ombre de la mort. ***Alléluia.***

Évangile de Jésus Christ

selon saint Luc (1, 67-79)

Le soleil levant nous visitera

En ce temps-là, à la naissance de Jean Baptiste, Zacharie, son père, fut rempli d'Esprit Saint et prononça ces paroles prophétiques :

« Béni soit le Seigneur, le Dieu d'Israël, qui visite et rachète son peuple. Il a fait surgir la force qui nous sauve dans la maison de David, son serviteur, comme il l'avait dit par la bouche des saints, par ses prophètes, depuis les temps anciens : salut qui nous arrache à l'ennemi, à la main de tous nos oppresseurs, amour qu'il montre envers nos pères, mémoire de son alliance sainte ; serment juré à notre père Abraham de nous rendre sans crainte, afin que, délivrés de la main des ennemis, nous le servions dans la justice et la sainteté, en sa présence, tout au long de nos jours.

Toi aussi, petit enfant, tu seras appelé prophète du Très-Haut ; tu marcheras devant, à la face du Seigneur, et tu prépareras ses chemins, pour donner à son peuple de connaître le salut par la rémission de ses péchés, grâce à la tendresse, à l'amour de notre Dieu, quand nous visite l'astre d'en haut, pour illuminer ceux qui habitent les ténèbres et l'ombre de la mort, pour conduire nos pas au chemin de la paix. »

Prière sur les offrandes

Dans ta bonté, Seigneur, accepte ces dons, pour qu'ils deviennent la nourriture qui nous libère de nos péchés et prépare nos cœurs à la venue glorieuse de ton Fils. Lui qui… – ***Amen.***

2e préface de l'Avent, p. 231.

Antienne de la communion

Béni soit le Seigneur Dieu d'Israël :
il visite et rachète son peuple.
(Lc 1, 68)

Prière après la communion

Tu nous as renouvelés, Seigneur, par cette communion, et nous te supplions encore : alors que nous célébrons déjà l'adorable naissance de ton Fils, donne-nous d'accueillir dans la joie le présent de son royaume. Lui qui… – ***Amen.***

INVITATION

Et si, cette année, je préparais une place supplémentaire à la table du réveillon pour un voisin ou un paroissien seul ?

COMMENTAIRE

Bouquet de grâces

Luc 1, 67-79

Dans son cantique d'action de grâce, Zacharie nous donne à contempler le Sauveur qui libère de l'oppression et du péché. À son peuple, Dieu propose une alliance et en dévoile patiemment la beauté, sans rien forcer. Aux heures de mésalliance, il relève et restaure. Et si, comme un enfant cueille des fleurs pour les offrir à sa mère, nous recueillions les bontés du Seigneur à notre égard, les gestes par lesquels il nous accompagne au fil des années ? ■

Père Thibault Van Den Driessche, *assomptionniste*

✻ CLÉ DE LECTURE

« Est-ce toi qui me bâtiras ? »

2 Samuel 7, 5 *(p. 156)*

Selon la tradition, c'est Salomon, le fils de David, qui a bâti pour Dieu un temple à la beauté légendaire ; mais Salomon a fini sa vie dans l'idolâtrie, trahissant la fidélité inaltérable du Seigneur. Nous sommes légitimement attachés à nos lieux de culte, dont la beauté chante la gloire de Dieu ; mais Dieu ne réside pas dans des maisons faites de main d'homme et il n'est pas assignable à résidence. Lui seul a l'initiative de frapper à la porte des cœurs humains. Lui seul a l'initiative de venir au milieu des hommes en son Fils Jésus, et de rassembler en son nom des croyants pour être au milieu d'eux. Sa présence se rend alors tangible dans l'amour fraternel, le soutien mutuel et l'accueil bienveillant de quiconque frappe à notre porte. ■

Roselyne Dupont-Roc, *bibliste*

VENDREDI 25 DÉCEMBRE 2020

NATIVITÉ DU SEIGNEUR – MESSE DE LA NUIT

ANNÉE B COULEUR LITURGIQUE : BLANC

« Aujourd'hui,
dans la ville de David,
vous est né un Sauveur
qui est le Christ,
le Seigneur. » Luc 2, 11

© Évelyne Mary

Le monde entier se tourne vers Bethléem en ce soir de Noël. Toute la Création se prosterne devant l'Enfant. Contemplons les bergers, les anges, Marie et Joseph… Regardons les troupeaux dans les champs, les animaux partageant leur mangeoire avec l'enfant. Et comme eux, faisons de la place dans nos vies. Mettons-nous en route vers l'Enfant. Dieu est là.

OUVERTURE DE LA CÉLÉBRATION

Chant d'entrée *(Suggestions, p. 254)*

OU

Antienne d'ouverture

Tous ensemble, réjouissons-nous;
dans le monde un enfant est né : Dieu, notre Sauveur !
Aujourd'hui la paix véritable vient du ciel sur notre terre !
(Ps 2, 7)

Suggestion de préparation pénitentielle *(ou p. 225)*

Avec le peuple qui a vu se lever une grande lumière, accueillons l'infinie miséricorde de Dieu.

Seigneur Jésus, tu viens parmi nous, « Prince-de-la-Paix », « Conseiller-merveilleux », béni sois-tu et prends pitié de nous.
— Béni sois-tu et prends pitié de nous.
Ô Christ, tu brises le joug qui nous opprime, tu viens nous offrir la vraie liberté, béni sois-tu et prends pitié de nous.
— Béni sois-tu et prends pitié de nous.
Seigneur, tu as prodigué la joie, tu as offert ton allégresse, béni sois-tu et prends pitié de nous.
— Béni sois-tu et prends pitié de nous.

Que Dieu tout-puissant nous fasse miséricorde; qu'il nous pardonne nos péchés et nous conduise à la vie éternelle. ***— Amen.***

Gloire à Dieu *(p. 226)*

Prière

Seigneur, tu as fait resplendir cette nuit très sainte des clartés de la vraie lumière ; de grâce, accorde-nous qu'illuminés dès ici-bas par la révélation de ce mystère, nous goûtions dans le ciel la plénitude de sa joie. Par Jésus Christ… – ***Amen.***

LITURGIE DE LA PAROLE

Lecture du livre du prophète Isaïe (9, 1-6)

« Un enfant nous est né »

Le peuple qui marchait dans les ténèbres a vu se lever une grande lumière ; et sur les habitants du pays de l'ombre, une lumière a resplendi. Tu as prodigué la joie, tu as fait grandir l'allégresse : ils se réjouissent devant toi, comme on se réjouit de la moisson, comme on exulte au partage du butin. Car le joug qui pesait sur lui, la barre qui meurtrissait son épaule, le bâton du tyran, tu les as brisés comme au jour de Madiane. Et les bottes qui frappaient le sol, et les manteaux couverts de sang, les voilà tous brûlés : le feu les a dévorés.

Oui, un enfant nous est né, un fils nous a été donné ! Sur son épaule est le signe du pouvoir ; son nom est proclamé : « Conseiller-merveilleux, Dieu-Fort, Père-à-jamais, Prince-de-la-Paix. » Et le

pouvoir s'étendra, et la paix sera sans fin pour le trône de David et pour son règne qu'il établira, qu'il affermira sur le droit et la justice dès maintenant et pour toujours. Il fera cela, l'amour jaloux du Seigneur de l'univers ! – Parole du Seigneur.

Psaume 95 (96)

℟ ***Aujourd'hui, un Sauveur nous est né : c'est le Christ, le Seigneur.***

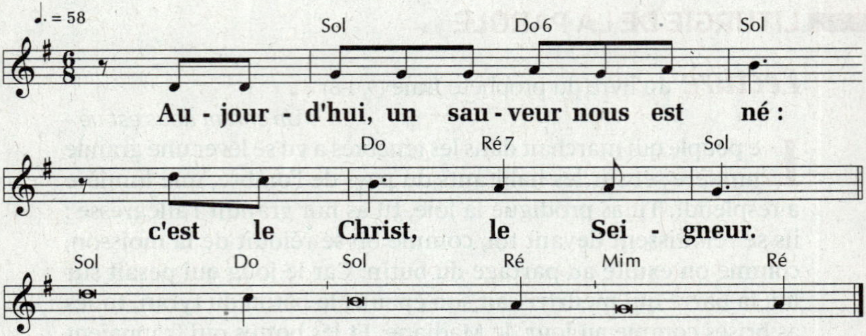

T. : AELF ; M. : M. Wackenheim ; Éd. : ADF.

Chantez au Seigneur un chant nouveau,
chantez au Seigneur, terre entière,
chantez au Seigneur et bénissez son nom ! ℟

De jour en jour, proclamez son salut,
racontez à tous les peuples sa gloire,
à toutes les nations ses merveilles ! ℟

Joie au ciel ! Exulte la terre !
Les masses de la mer mugissent,
la campagne tout entière est en fête. ℟

Les arbres des forêts dansent de joie
devant la face du Seigneur, car il vient,
car il vient pour juger la terre. ℟

Il jugera le monde avec justice
et les peuples selon sa vérité ! ℟

Retrouvez ce psaume sur le CD "Les psaumes de l'année B"

Lecture de la lettre de saint Paul apôtre à Tite (2, 11-14)

« La grâce de Dieu s'est manifestée pour tous les hommes »

Bien-aimé, la grâce de Dieu s'est manifestée pour le salut de tous les hommes. Elle nous apprend à renoncer à l'impiété et aux convoitises de ce monde, et à vivre dans le temps présent de manière raisonnable, avec justice et piété, attendant que se réalise la bienheureuse espérance : la manifestation de la gloire de notre grand Dieu et Sauveur, Jésus Christ. Car il s'est donné pour nous afin de nous racheter de toutes nos fautes, et de nous purifier pour faire de nous son peuple, un peuple ardent à faire le bien.

– Parole du Seigneur.

Acclamation de l'Évangile

Alléluia. Alléluia. Je vous annonce une grande joie : Aujourd'hui vous est né un Sauveur qui est le Christ, le Seigneur ! ***Alléluia.***

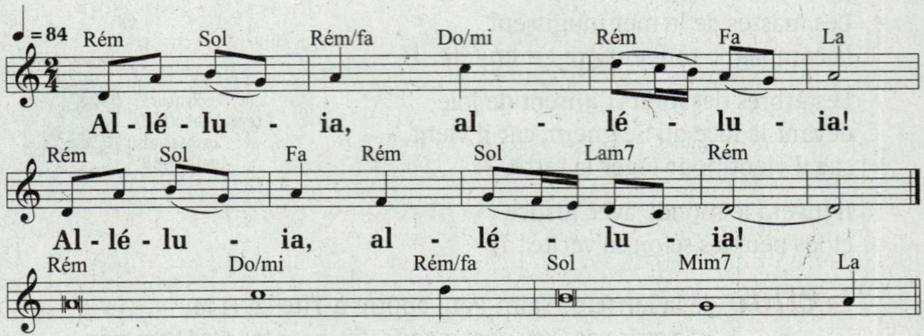

M. : P. Robert.

Évangile de Jésus Christ selon saint Luc (2, 1-14)

« Aujourd'hui vous est né un Sauveur »

En ces jours-là, parut un édit de l'empereur Auguste, ordonnant de recenser toute la terre – ce premier recensement eut lieu lorsque Quirinius était gouverneur de Syrie. Et tous allaient se faire recenser, chacun dans sa ville d'origine. Joseph, lui aussi, monta de Galilée, depuis la ville de Nazareth, vers la Judée, jusqu'à

la ville de David appelée Bethléem. Il était en effet de la maison et de la lignée de David. Il venait se faire recenser avec Marie, qui lui avait été accordée en mariage et qui était enceinte.
Or, pendant qu'ils étaient là, le temps où elle devait enfanter fut accompli. Et elle mit au monde son fils premier-né ; elle l'emmaillota et le coucha dans une mangeoire, car il n'y avait pas de place pour eux dans la salle commune. Dans la même région, il y avait des bergers qui vivaient dehors et passaient la nuit dans les champs pour garder leurs troupeaux. L'ange du Seigneur se présenta devant eux, et la gloire du Seigneur les enveloppa de sa lumière. Ils furent saisis d'une grande crainte. Alors l'ange leur dit : « Ne craignez pas, car voici que je vous annonce une bonne nouvelle, qui sera une grande joie pour tout le peuple : Aujourd'hui, dans la ville de David, vous est né un Sauveur qui est le Christ, le Seigneur. Et voici le signe qui vous est donné : vous trouverez un nouveau-né emmailloté et couché dans une mangeoire. »
Et soudain, il y eut avec l'ange une troupe céleste innombrable, qui louait Dieu en disant : « Gloire à Dieu au plus haut des cieux, et paix sur la terre aux hommes, qu'Il aime. »

Homélie

Profession de foi (p. 227)

Suggestion de prière universelle

Le prêtre :

En cette nuit où la lumière se lève pour le monde entier, prions Dieu, notre Père, pour l'humanité qui retrouve une espérance.

℟ ***Toi qui nous aimes, écoute-nous, Seigneur.***

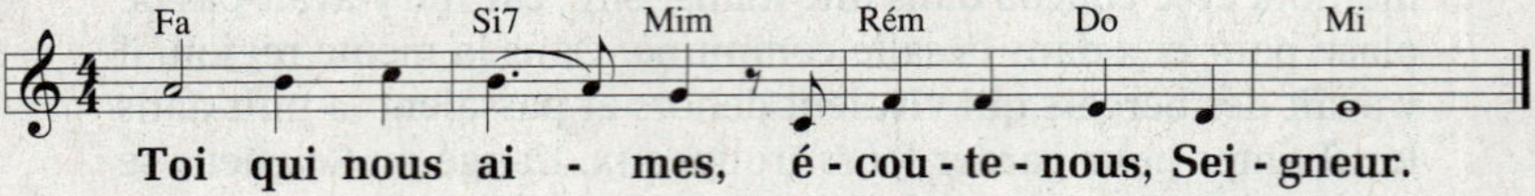

Y 55-4 ; T. : M. Scouarnec ; M. : J. Akepsimas ; SM.

Le diacre ou un lecteur :

Pour les hommes et les femmes qui te cherchent sans le savoir et portent dans leur cœur le désir d'une rencontre, Seigneur, nous te prions. ℟

Pour les chrétiens de toutes confessions, pour l'unité de l'Église, en toi, Seigneur, nous te prions. ℟

Pour les peuples déplacés, pour les migrants et ceux qui n'ont ni toit ni bagage, Seigneur, nous te prions. ℟

Pour celles et ceux qui prolongent, par des engagements concrets, ta tendresse pour l'humanité entière, Seigneur, nous te prions. ℟

(Ces intentions seront adaptées ou modifiées selon les circonstances.)

Le prêtre :
Père des lumières, qui nous donnes aujourd'hui ton Fils, nous te prions d'accueillir nos prières. Par Jésus le Christ, notre Seigneur.
— Amen.

LITURGIE EUCHARISTIQUE

Prière sur les offrandes

Accepte, Seigneur, notre sacrifice en cette nuit de Noël ; et, dans un prodigieux échange, nous deviendrons semblables à ton Fils en qui notre nature est unie à la tienne. Lui qui règne… ***— Amen.***

Prière eucharistique *(Préface de la Nativité, p. 232)*

Chant de communion *(Suggestions, p. 254)*

OU

Antienne de la communion

Le Verbe s'est fait chair,
et nous avons vu sa gloire.
(Jn 1, 14)

Prière après la communion

Joyeux de célébrer dans ces mystères la naissance de notre Rédempteur, nous te prions, Seigneur notre Dieu : donne-nous de parvenir, après une vie toujours plus fidèle, jusqu'à la communion glorieuse avec ton Fils bien-aimé. Lui qui… ***– Amen.***

CONCLUSION DE LA CÉLÉBRATION

Bénédiction solennelle

Dans son amour infini, Dieu a donné son Fils au monde pour en dissiper les ténèbres ; par le mystère de la nativité du Christ, il a fait resplendir cette nuit très sainte (ce jour béni) : qu'il vous sauve de l'aveuglement du péché et qu'il ouvre vos yeux à sa lumière. ***– Amen.***
Il a voulu que les bergers reçoivent d'un ange l'annonce d'une grande joie pour tout le peuple, qu'il mette en vos cœurs cette même joie et vous prenne comme messagers de sa Bonne Nouvelle : « Aujourd'hui, il vous est né un Sauveur. » ***– Amen.***
Par l'incarnation de son Fils, il a scellé l'Alliance du ciel et de la terre : qu'il vous donne sa paix, qu'il vous tienne en sa bienveillance, qu'il vous unisse dès maintenant à l'Église du ciel. ***– Amen.***
Et que Dieu tout-puissant vous bénisse, le Père, et le Fils ✠ et le Saint-Esprit. ***– Amen.***

Envoi

COMMENTAIRE DE LA NUIT DE NOËL

Père Vincent Leclercq, assomptionniste

Un nouveau-né qui chamboule tout

La naissance d'un enfant marque un évènement inoubliable dans la vie d'une famille. À la forme du visage ou à certaines de ses expressions, chacun essaie de deviner à qui il ressemble. Par ce jeu, les adultes accueillent le nouveau-né et imaginent déjà la richesse de son existence. Tout enfant incarne une promesse d'avenir.

Les parents apprennent aussi très vite que ce bébé chamboule la vie du couple. Les nuits, les horaires, les loisirs sont modifiés. Du jour au lendemain, les centres d'intérêt, les relations avec les parents et les conversations entre amis ne sont plus les mêmes. Un autre quotidien centré sur lui se met en place.

Contemplons Noël dans cette double expérience de la naissance. Jésus accomplit la promesse d'un Dieu qui n'en finit pas de •••

••• rejoindre l'homme. Il comble notre attente de l'Avent et dépasse nos espérances. Quels que soient nos soucis du moment, que ce nouveau-né de la crèche soit notre joie.
Le Fils éternel reçoit du Père le don de vivre une vie d'homme. Or, il nous est donné que cet enfant grandisse parmi nous. Depuis Bethléem, Jésus a la mission de bouleverser nos vies. Les anges sont là pour nous aider à relier notre actualité au mystère d'un Dieu qui devient homme. Ils vont et viennent entre ciel et terre pour annoncer que la gloire de Dieu illumine désormais notre terre. En cette nuit très sainte, le Christ naît à la crèche pour que chacun puisse vivre de la vie du Père.

À Noël, Dieu se révèle dans la fragilité d'un nouveau-né.
Sommes-nous disponibles pour accueillir sa vie ?
Laisserons-nous le Christ transformer nos existences
et recentrer notre quotidien ? ■

VENDREDI 25 DÉCEMBRE 2020

NATIVITÉ DU SEIGNEUR – MESSE DU JOUR

ANNÉE B COULEUR LITURGIQUE : BLANC

© Evelyne Mary

Le monde sent monter une joie nouvelle, inattendue. L'espérance se lève. L'avenir est ouvert. Avant sa venue, des messagers avaient annoncé le salut. Mais celui qui vient aujourd'hui est le Roi de la paix, le Fils de Dieu. Et si, avec lui, nous accueillions tous les signes de vie dans notre monde, en les rassemblant dans une gerbe d'action de grâces ?

OUVERTURE DE LA CÉLÉBRATION

Chant d'entrée *(Suggestions p. 254)*
OU
Antienne d'ouverture
Un enfant nous est né, un fils nous a été donné;
l'insigne du pouvoir est sur son épaule,
on l'appelle Messager de Dieu. (Is 9, 5)

Suggestion de préparation pénitentielle *(ou p. 225)*
En Dieu le Père, se trouve la lumière de la vie. Implorons aujourd'hui son pardon.

Seigneur Jésus, vraie lumière qui éclaires tout homme, kyrie eleison.
— Kyrie eleison.
Ô Christ, par toi, tout reçoit la promesse de vie, Christe eleison.
— Christe eleison.
Seigneur, grâce offerte à tout homme qui l'accueille, kyrie eleison.
— Kyrie eleison.

Que Dieu tout-puissant nous fasse miséricorde; qu'il nous pardonne nos péchés et nous conduise à la vie éternelle.
— Amen.

Gloire à Dieu *(p. 226)*

Prière
Père, toi qui as merveilleusement créé l'homme et plus merveilleusement encore rétabli sa dignité, fais-nous participer à la divinité de ton Fils, puisqu'il a voulu prendre notre humanité. Lui qui règne avec toi et le Saint-Esprit, maintenant et pour les siècles des siècles.
— Amen.

LITURGIE DE LA PAROLE

Lecture du livre du prophète Isaïe (52, 7-10)

« Tous les lointains de la terre ont vu le salut de notre Dieu »

Comme ils sont beaux sur les montagnes, les pas du messager, celui qui annonce la paix, qui porte la bonne nouvelle, qui annonce le salut, et vient dire à Sion : « Il règne, ton Dieu ! »
Écoutez la voix des guetteurs : ils élèvent la voix, tous ensemble ils crient de joie car, de leurs propres yeux, ils voient le Seigneur qui revient à Sion.
Éclatez en cris de joie, vous, ruines de Jérusalem, car le Seigneur console son peuple, il rachète Jérusalem ! Le Seigneur a montré la sainteté de son bras aux yeux de toutes les nations. Tous les lointains de la terre ont vu le salut de notre Dieu.
– Parole du Seigneur.

Psaume 97 (98)

℟ *La terre tout entière a vu le salut que Dieu nous donne.*

T. : AELF; M. : G. Previdi; Éd. : ADF.

Chantez au Seigneur un chant nouveau,
car il a fait des merveilles;
par son bras très saint, par sa main puissante,
il s'est assuré la victoire. ℟

Le Seigneur a fait connaître sa victoire
et révélé sa justice aux nations;
il s'est rappelé sa fidélité, son amour,
en faveur de la maison d'Israël. ℟

Retrouvez ce psaume sur le CD "Les psaumes de l'année B"

La terre tout entière a vu
la victoire de notre Dieu.
Acclamez le Seigneur, terre entière,
sonnez, chantez, jouez ! ℟

Jouez pour le Seigneur sur la cithare,
sur la cithare et tous les instruments ;
au son de la trompette et du cor,
acclamez votre roi, le Seigneur ! ℟

Lecture de la lettre aux Hébreux (1, 1-6)

« Dieu nous a parlé par son Fils »

À bien des reprises et de bien des manières, Dieu, dans le passé, a parlé à nos pères par les prophètes ; mais à la fin, en ces jours où nous sommes, il nous a parlé par son Fils qu'il a établi héritier de toutes choses et par qui il a créé les mondes. Rayonnement de la gloire de Dieu, expression parfaite de son être, le Fils, qui porte l'univers par sa parole puissante, après avoir accompli la purification des péchés, s'est assis à la droite de la Majesté divine dans les hauteurs des cieux ; et il est devenu bien supérieur aux anges, dans la mesure même où il a reçu en héritage un nom si différent du leur.

En effet, Dieu déclara-t-il jamais à un ange : Tu es mon Fils, moi, aujourd'hui, je t'ai engendré ? Ou bien encore : Moi, je serai pour

lui un père, et lui sera pour moi un fils ? À l'inverse, au moment d'introduire le Premier-né dans le monde à venir, il dit : Que se prosternent devant lui tous les anges de Dieu.
– Parole du Seigneur.

Acclamation de l'Évangile

Alléluia. Alléluia. Aujourd'hui la lumière a brillé sur la terre. Peuples de l'univers, entrez dans la clarté de Dieu. Venez tous adorer le Seigneur ! ***Alléluia.***

Aujourd'hui la lumière a brillé UL 31-13; Ton. : P. Robert; Studio SM

Évangile de Jésus Christ selon saint Jean (1, 1-18)

(Lecture brève : 1, 1-5. 9-14)

« Le Verbe s'est fait chair, il a habité parmi nous »

Au commencement était le Verbe, et le Verbe était auprès de Dieu, et le Verbe était Dieu. Il était au commencement auprès de Dieu. C'est par lui que tout est venu à l'existence, et rien de ce qui s'est fait ne s'est fait sans lui. En lui était la vie, et la vie était la lumière des hommes ; la lumière brille dans les ténèbres, et les ténèbres ne l'ont pas arrêtée.

Interruption de la lecture brève

Il y eut un homme envoyé par Dieu ; son nom était Jean. Il est venu comme témoin, pour rendre témoignage à la Lumière, afin que tous croient par lui. Cet homme n'était pas la Lumière, mais il était là pour rendre témoignage à la Lumière.

Reprise de la lecture brève

Le Verbe était la vraie Lumière, qui éclaire tout homme en venant dans le monde. Il était dans le monde, et le monde était venu par lui à l'existence, mais le monde ne l'a pas reconnu. Il est venu chez lui, et les siens ne l'ont pas reçu. Mais à tous ceux qui l'ont reçu, il a donné de pouvoir devenir enfants de Dieu, eux qui croient en son nom. Ils ne sont pas nés du sang, ni d'une volonté charnelle, ni d'une volonté d'homme : ils sont nés de Dieu. Et le Verbe s'est fait chair, il a habité parmi nous, et nous avons vu sa gloire, la gloire qu'il tient

CARTE À ENVOYER À UN PROCHE

de son Père comme Fils unique, plein de grâce et de vérité.

Fin de la lecture brève

Jean le Baptiste lui rend témoignage en proclamant : « C'est de lui que j'ai dit : Celui qui vient derrière moi est passé devant moi, car avant moi il était. » Tous, nous avons eu part à sa plénitude, nous avons reçu grâce après grâce ; car la Loi fut donnée par Moïse, la grâce et la vérité sont venues par Jésus Christ.

Dieu, personne ne l'a jamais vu ; le Fils unique, lui qui est Dieu, lui qui est dans le sein du Père, c'est lui qui l'a fait connaître.

Homélie

Profession de foi (p. 227)

Suggestion de prière universelle

Le prêtre :

Tournons-nous vers le Christ, venu chez lui, lumière qui guide nos pas, et présentons-lui nos prières.

℟ ***Jésus, Sauveur du monde, écoute et prends pitié !***

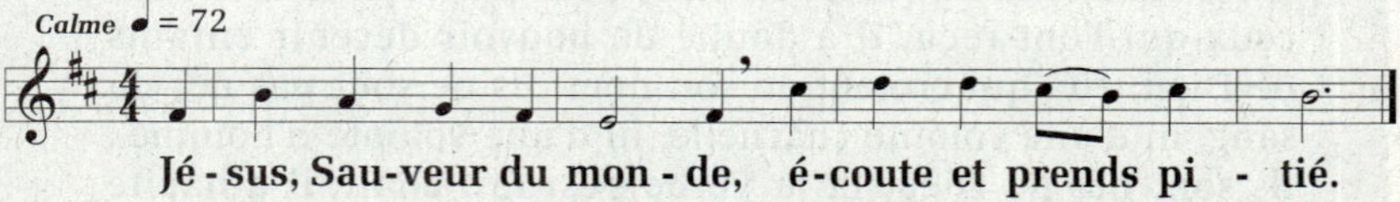

A 180 ; T. : J.-P. Lécot ; M. : choral allemand (1601) ; Éd. Pierre Lethielleux.

Le diacre ou un lecteur :

Ô Christ, visage de la tendresse de Dieu, éclaire ton Église, toujours en marche vers la vérité. Ensemble, nous te prions. ℟

Ô Christ, devenu notre frère, sois la force des peuples livrés à la guerre et aux luttes fratricides. Ensemble, nous te prions. ℟

Ô Christ, rayonnement de la gloire de Dieu, donne aux hommes et aux femmes de notre temps de reconnaître en chaque personne un digne reflet de ta lumière. Ensemble, nous te prions. ℟

Ô Christ, Fils unique du Père, sois le réconfort des pauvres et l'espérance de ceux qui errent dans la nuit. Ensemble, nous te prions. ℟

(Ces intentions seront adaptées ou modifiées selon les circonstances.)

Le prêtre :

Seigneur Jésus, nous avons confiance en toi. Daigne exaucer nos prières. Toi qui règnes pour les siècles des siècles. ***— Amen.***

LITURGIE EUCHARISTIQUE

Prière sur les offrandes

Accepte, Seigneur, l'offrande que nous te présentons en ce jour de fête : car elle est le sacrifice qui nous rétablit dans ton Alliance et fait monter vers toi la parfaite louange. Par Jésus, le Christ, Dieu avec nous. ***— Amen.***

Prière eucharistique *(Préface de la Nativité, p. 232)*

Chant de communion *(Suggestions p. 254)*
OU
Antienne de la communion
Sur toute l'étendue de la terre,
on a vu le salut de notre Dieu.
(Ps 97, 3)

Prière après la communion
Nous t'en prions, Dieu notre Père, puisque le Sauveur du monde, en naissant aujourd'hui, nous a fait naître à la vie divine, qu'il nous donne aussi l'immortalité. Lui qui règne… ***– Amen.***

CONCLUSION DE LA CÉLÉBRATION

Bénédiction solennelle *(p. 170)*

Envoi

SAMEDI 26 DÉCEMBRE 2020

TEMPS DE NOËL COULEUR LITURGIQUE : ROUGE

Saint Étienne

Ier siècle. Diacre, mort lapidé peu après la résurrection du Christ. Vénéré comme le premier martyr de l'Église.

Antienne d'ouverture

Les portes du ciel s'ouvrirent pour saint Étienne ;
premier de tous les martyrs, il a reçu la récompense du vainqueur.

Gloire à Dieu (p. 226)

Prière

Apprends-nous, Seigneur, l'amour de nos ennemis, à l'exemple de saint Étienne, le premier de tes martyrs, lui qui sut implorer le pardon pour ses propres bourreaux. Par Jésus Christ… ***— Amen.***

Lectures propres à la fête de saint Étienne.

Lecture

du livre des Actes des Apôtres (6, 8-10 ; 7, 54-60)

« Voici que je contemple les cieux ouverts »

En ces jours-là, Étienne, rempli de la grâce et de la puissance de Dieu, accomplissait parmi le peuple des prodiges et des signes éclatants. Intervinrent alors certaines gens de la synagogue dite des Affranchis, ainsi que des Cyrénéens et des Alexandrins, et aussi des gens originaires de Cilicie et de la province d'Asie. Ils se mirent à discuter avec Étienne, mais sans

20 - 26

pouvoir résister à la sagesse et à l'Esprit qui le faisaient parler.
Ceux qui écoutaient ce discours avaient le cœur exaspéré et grinçaient des dents contre Étienne. Mais lui, rempli de l'Esprit Saint, fixait le ciel du regard : il vit la gloire de Dieu, et Jésus debout à la droite de Dieu. Il déclara : « Voici que je contemple les cieux ouverts et le Fils de l'homme debout à la droite de Dieu. » Alors ils poussèrent de grands cris et se bouchèrent les oreilles. Tous ensemble, ils se précipitèrent sur lui, l'entraînèrent hors de la ville et se mirent à le lapider. Les témoins avaient déposé leurs vêtements aux pieds d'un jeune homme appelé Saul. Étienne, pendant qu'on le lapidait, priait ainsi : « Seigneur Jésus, reçois mon esprit. » Puis, se mettant à genoux, il s'écria d'une voix forte : « Seigneur, ne leur compte pas ce péché. » Et, après cette parole, il s'endormit dans la mort.
– Parole du Seigneur.

Psaume 30 (31)

℟ ***En tes mains, Seigneur, je remets mon esprit.***

Sois le rocher qui m'abrite,
la maison fortifiée qui me sauve.
Pour l'honneur de ton nom,
tu me guides et me conduis. ℟

En tes mains je remets mon esprit ;
tu me rachètes, Seigneur, Dieu de vérité.
Ton amour me fait danser de joie :
devant moi, tu as ouvert un passage. ℟

Sur ton serviteur, que s'illumine ta face ;
sauve-moi par ton amour.
Tu combles, à la face du monde,
ceux qui ont en toi leur refuge. ℟

Acclamation de l'Évangile

Alléluia. Alléluia. Béni soit au nom du Seigneur, celui qui vient ; Dieu, le Seigneur, nous illumine. ***Alléluia.***

Évangile de Jésus Christ

selon saint Matthieu (10, 17-22)

« Ce n'est pas vous qui parlerez, c'est l'Esprit de votre Père »

En ce temps-là, Jésus disait à ses Apôtres : « Méfiez-vous des hommes : ils vous livreront aux tribunaux et vous flagelleront dans leurs synagogues. Vous serez conduits devant des gouverneurs et des rois à cause de moi : il y aura là un témoignage pour eux et pour les païens. Quand on vous livrera, ne vous inquiétez pas de savoir ce que vous direz ni comment vous le direz : ce que vous aurez à dire vous sera donné à cette heure-là. Car ce n'est pas vous qui parlerez, c'est l'Esprit de votre Père qui parlera en vous.

« Le frère livrera son frère à la mort, et le père, son enfant ; les enfants se dresseront contre leurs parents et les feront mettre à mort. Vous serez détestés de tous à cause de mon nom ; mais celui qui aura persévéré jusqu'à la fin, celui-là sera sauvé. »

Prière sur les offrandes

Daigne, Seigneur, accepter de nos mains ce que l'anniversaire de saint Étienne nous donne l'occasion de t'offrir. Par Jésus…

— Amen.

Préface de la Nativité, p. 232.

Antienne de la communion

Étienne, pendant qu'on le lapidait, faisait cette prière :
« Seigneur Jésus, reçois mon esprit. »
(Ac 7, 58)

Prière après la communion

Seigneur, nous te rendons grâce pour l'abondance de tes bienfaits : tu nous sauves par la naissance de ton Fils, tu nous réjouis par la fête de ton martyr saint Étienne. Par Jésus… ***— Amen.***

INVITATION

Devant le Tout-Petit de la crèche, je me recueille longuement pour éprouver la confiance que je mets en lui. Je lui confie les chrétiens qui vivent leur foi en pays hostiles et tous les martyrs.

COMMENTAIRE

De la crèche au martyre

Actes 6, 8-10 ; 7, 54-60

Au lendemain de Noël, le blanc fait place à la pourpre des martyrs. Car, pour certains, la divine naissance est pierre d'achoppement, elle dérange. Accueillerons-nous l'Enfant de tout notre cœur ? « À ceux qui l'accueillirent, écrit sainte Thérèse-Bénédicte de la Croix, il apporta la lumière et la paix : la paix avec le Père céleste, la paix avec tous ceux qui, comme eux, sont des fils de lumière et des enfants du Père. » ■

***Père Thibault Van Den Driessche,** assomptionniste*

DIMANCHE 27 DÉCEMBRE 2020

SAINTE FAMILLE

ANNÉE B COULEUR LITURGIQUE : BLANC

« Tu peux laisser ton serviteur s'en aller en paix, selon ta parole. »
Luc 2, 29

© Évelyne Mary

Partageons aujourd'hui la joie de Marie et de Joseph, la joie de Syméon et d'Anne. Celui qu'ils ont attendu, celui qu'ils cherchaient, ils l'ont trouvé. Entrons avec eux dans cette reconnaissance qui nous tourne vers Dieu qui tient dans sa main le passé, le présent et l'avenir. Partageons leur offrande et leur action de grâce.

OUVERTURE DE LA CÉLÉBRATION

Chant d'entrée *(Suggestions p. 254)*

OU

Antienne d'ouverture

Les bergers vinrent en hâte,
et ils trouvèrent Marie et Joseph
avec le nouveau-né couché dans une crèche.
(Lc 2, 16)

Suggestion de préparation pénitentielle *(ou p. 225)*

Présentons nos vies à la lumière de la miséricorde de Dieu et reconnaissons notre péché.

Seigneur Jésus, par ta naissance tu fais toutes choses nouvelles, prends pitié de nous.

— Prends pitié de nous.

Ô Christ, par ta présence tu renouvelles l'alliance, prends pitié de nous.

— Prends pitié de nous.

Seigneur, par ton amour tu ouvres un avenir d'espérance, prends pitié de nous.

— Prends pitié de nous.

Que Dieu tout-puissant nous fasse miséricorde ; qu'il nous pardonne nos péchés et nous conduise à la vie éternelle. ***— Amen.***

Gloire à Dieu *(p. 226)*

Prière
Tu as voulu, Seigneur, que la Sainte Famille nous soit donnée en exemple ; accorde-nous la grâce de pratiquer, comme elle, les vertus familiales et d'être unis par les liens de ton amour, avant de nous retrouver pour l'éternité dans la joie de ta maison. Par Jésus Christ…
— Amen.

LITURGIE DE LA PAROLE

Lecture du livre de la Genèse (15, 1-6 ; 21, 1-3)

« Ton héritier sera quelqu'un de ton sang »

En ces jours-là, la parole du Seigneur fut adressée à Abram dans une vision : « Ne crains pas, Abram ! Je suis un bouclier pour toi. Ta récompense sera très grande. » Abram répondit : « Mon Seigneur Dieu, que pourrais-tu donc me donner ? Je m'en vais sans enfant, et l'héritier de ma maison, c'est Élièzer de Damas. » Abram dit encore : « Tu ne m'as pas donné de descendance, et c'est un de mes serviteurs qui sera mon héritier. » Alors cette parole du Seigneur fut adressée à Abram : « Ce n'est pas lui qui sera ton héritier, mais quelqu'un de ton sang. » Puis il le fit sortir et lui dit : « Regarde le ciel, et compte les étoiles, si tu le peux… » Et

il déclara : « Telle sera ta descendance ! » Abram eut foi dans le Seigneur et le Seigneur estima qu'il était juste.
Le Seigneur visita Sara comme il l'avait annoncé ; il agit pour elle comme il l'avait dit. Elle devint enceinte, et elle enfanta un fils pour Abraham dans sa vieillesse, à la date que Dieu avait fixée. Et Abraham donna un nom au fils que Sara lui avait enfanté : il l'appela Isaac.
– Parole du Seigneur.

Psaume 104 (105)

℟ ***Le Seigneur, c'est lui notre Dieu ;***
il s'est toujours souvenu de son alliance.

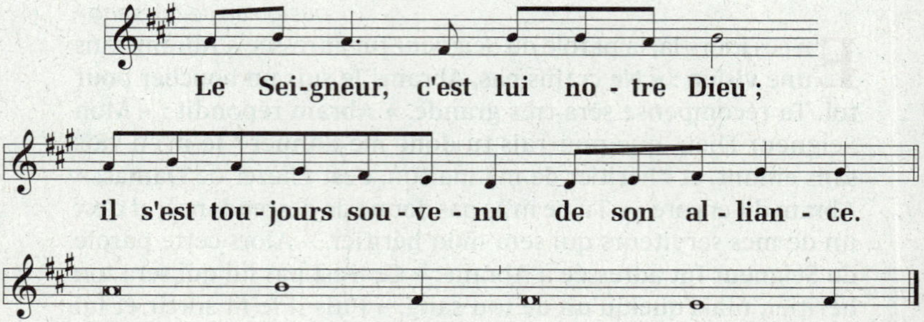

T. : AELF ; M. : L. Groslambert ; Éd. : ADF.

Rendez grâce au Seigneur, proclamez son nom,
annoncez parmi les peuples ses hauts faits ;
chantez et jouez pour lui,
redites sans fin ses merveilles. ℟

Glorifiez-vous de son nom très saint :
joie pour les cœurs qui cherchent Dieu !
Cherchez le Seigneur et sa puissance,
recherchez sans trêve sa face. ℟

Souvenez-vous des merveilles qu'il a faites,
de ses prodiges, des jugements qu'il prononça,
vous, la race d'Abraham son serviteur,
les fils de Jacob, qu'il a choisis. ℟

Il s'est toujours souvenu de son alliance,
parole édictée pour mille générations :
promesse faite à Abraham,
garantie par serment à Isaac. ℟

Retrouvez
ce psaume sur le CD
"Les psaumes
de l'année B"

Lecture de la lettre aux Hébreux (11, 8. 11-12. 17-19)

La foi d'Abraham, de Sara et d'Isaac

Frères, grâce à la foi, Abraham obéit à l'appel de Dieu : il partit vers un pays qu'il devait recevoir en héritage, et il partit sans savoir où il allait.

Grâce à la foi, Sara, elle aussi, malgré son âge, fut rendue capable d'être à l'origine d'une descendance parce qu'elle pensait que Dieu est fidèle à ses promesses. C'est pourquoi, d'un seul homme, déjà marqué par la mort, a pu naître une descendance aussi nombreuse que les étoiles du ciel et que le sable au bord de la mer, une multitude innombrable.

Grâce à la foi, quand il fut soumis à l'épreuve, Abraham offrit Isaac en sacrifice. Et il offrait le fils unique, alors qu'il avait reçu les promesses et entendu cette parole : *C'est par Isaac qu'une descendance portera ton nom.* Il pensait en effet que Dieu est capable même de ressusciter les morts ; c'est pourquoi son fils lui fut rendu : il y a là une préfiguration.

– Parole du Seigneur.

Acclamation de l'Évangile

Alléluia. Alléluia. À bien des reprises, Dieu, dans le passé, a parlé à nos pères par les prophètes ; à la fin, en ces jours où nous sommes, il nous a parlé par son Fils. ***Alléluia.***

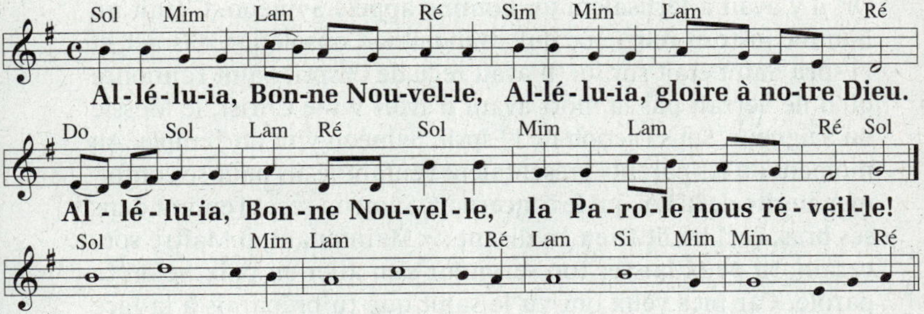

U 52-98; T. : B. Gschwind; M. : M. Wackenheim; Psalmodie : P. Robert; ADF Musique.

Évangile de Jésus Christ selon saint Luc (2, 22-40)

(Lecture brève : Luc 2, 22. 39-40)

« L'enfant grandissait et se fortifiait, rempli de sagesse »

Quand fut accompli le temps prescrit par la loi de Moïse pour la purification, les parents de Jésus l'amenèrent à Jérusalem pour le présenter au Seigneur,

Interruption de la lecture brève

selon ce qui est écrit dans la Loi : *Tout premier-né de sexe masculin sera consacré au Seigneur.* Ils venaient aussi offrir le sacrifice prescrit par la loi du Seigneur : *un couple de tourterelles ou deux petites colombes.*

Or, il y avait à Jérusalem un homme appelé Syméon. C'était un homme juste et religieux, qui attendait la Consolation d'Israël, et l'Esprit Saint était sur lui. Il avait reçu de l'Esprit Saint l'annonce qu'il ne verrait pas la mort avant d'avoir vu le Christ, le Messie du Seigneur. Sous l'action de l'Esprit, Syméon vint au Temple. Au moment où les parents présentaient l'enfant Jésus pour se conformer au rite de la Loi qui le concernait, Syméon reçut l'enfant dans ses bras, et il bénit Dieu en disant : « Maintenant, ô Maître souverain, tu peux laisser ton serviteur s'en aller en paix, selon ta parole. Car mes yeux ont vu le salut que tu préparais à la face des peuples : lumière qui se révèle aux nations et donne gloire à ton peuple Israël. » Le père et la mère de l'enfant s'étonnaient de ce qui était dit de lui. Syméon les bénit, puis il dit à Marie sa mère : « Voici que cet enfant provoquera la chute et le relèvement de beaucoup en Israël. Il sera un signe de contradiction – et toi, ton âme sera traversée d'un glaive – : ainsi seront dévoilées les pensées qui viennent du cœur d'un grand nombre. »
Il y avait aussi une femme prophète, Anne, fille de Phanuel, de la tribu d'Aser. Elle était très avancée en âge ; après sept ans de mariage, demeurée veuve, elle était arrivée à l'âge de 84 ans. Elle ne s'éloignait pas du Temple, servant Dieu jour et nuit dans le jeûne et la prière. Survenant à cette heure même, elle proclamait les louanges de Dieu et parlait de l'enfant à tous ceux qui attendaient la délivrance de Jérusalem.

Reprise de la lecture brève

Lorsqu'ils eurent achevé tout ce que prescrivait la loi du Seigneur, ils retournèrent en Galilée, dans leur ville de Nazareth. L'enfant, lui, grandissait et se fortifiait, rempli de sagesse, et la grâce de Dieu était sur lui.

Homélie

Profession de foi *(p. 227)*

Suggestion de prière universelle

Le prêtre :

Adressons notre prière à Dieu, le Père, qui nous montre le chemin de l'amour des frères.

℟ ***Seigneur, écoute-nous, Seigneur, exauce-nous !***

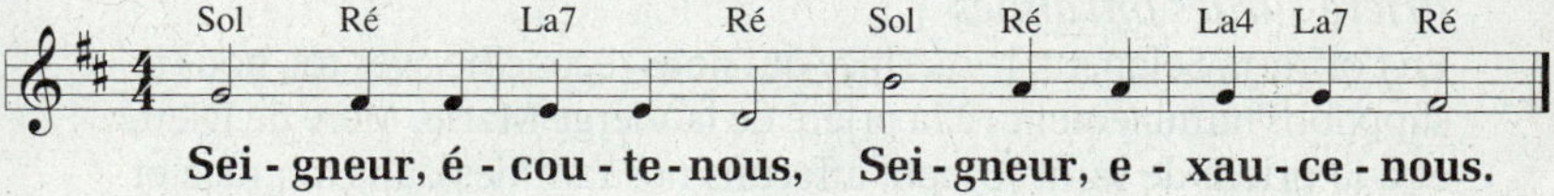

D. R. ; T. et M. : J. Gelineau.

Le diacre ou un lecteur :

Pour les familles qui se réjouissent de la venue d'un enfant et les parents qui vivent difficilement l'impossibilité de donner la vie, Père, nous te prions. ℟

Pour les couples séparés, les familles déchirées, les enfants maltraités, Père, nous te prions. ℟

Pour l'Église, famille enracinée dans ta parole et dans la prière, confrontée aux nombreux défis de notre temps, Père, avec le pape François, nous te prions. ℟

Pour notre communauté que tu bénis par des liens de fraternité et de solidarité, Père, nous te prions. ℟

(Ces intentions seront adaptées ou modifiées selon les circonstances.)

Le prêtre :

Père, source de communion, reçois nos demandes et dans ton amour, exauce-les. Par Jésus le Christ, notre Seigneur.

— Amen.

LITURGIE EUCHARISTIQUE

Prière sur les offrandes

En t'offrant, Seigneur, le sacrifice qui nous réconcilie avec toi, nous te supplions humblement : à la prière de la Vierge Marie, Mère de Dieu, et à la prière de saint Joseph, affermis nos familles dans ta grâce et la paix. Par Jésus… ***— Amen.***

Prière eucharistique *(Préface de la Nativité, p. 232)*

Chant de communion *(Suggestions p. 254)*

OU

Antienne de la communion

Notre Dieu est apparu sur la terre ;
il a vécu parmi les hommes.
(Ba 3, 38)

Prière après la communion

Toi qui nous as fortifiés par cette communion, accorde à nos familles, Père très aimant, la grâce d'imiter la famille de ton Fils, et de goûter avec elle, après les difficultés de cette vie, le bonheur sans fin. Par Jésus… ***— Amen.***

CONCLUSION DE LA CÉLÉBRATION

Bénédiction

Envoi

COMMENTAIRE

Père Jean-Paul Sagadou, assomptionniste,
rédacteur en chef de *Prions en Église Afrique*

S'ouvrir à la nouveauté

La famille que l'Église nous fait célébrer aujourd'hui est qualifiée de sainte : celle de Joseph, de Marie et de Jésus. Respectueux de leur religion et dans un geste de reconnaissance et de remerciement vis-à-vis de Dieu, les parents de Jésus vont le présenter au Temple. Ce faisant, ils le sortent du giron familial pour « l'exposer » à la face du monde, magnifique manière de signifier que Jésus s'intègre dans une famille plus large, celle du peuple d'Israël, avec ses lois et ses rituels. Ne sommes-nous pas face à un Dieu incarné dans la vie des hommes ?
Deux personnages représentent le peuple d'Israël et sa longue attente du Messie : Syméon et Anne. Le premier est « juste et religieux ». La deuxième est une veuve, « servant Dieu jour et nuit dans le jeûne et la prière ». Tous deux sont avancés en âge.

Rassasiés de jours, ils accueillent l'irruption de la nouveauté dans leur histoire personnelle et dans celle du monde. La nouveauté, c'est ce nouveau-né, devant lequel tous s'émerveillent, dans une profonde gratitude à Dieu pour le salut, l'amour et la libération qu'il apporte à toute la famille humaine.
Et nous qui écoutons ce récit aujourd'hui, marcheurs et chercheurs de Dieu d'ici et d'ailleurs, nous nous rendons disponibles pour accueillir Jésus « dans nos bras ». C'est avec lui, par lui et grâce à lui que nous espérons traverser les « contradictions » et les « divisions » de ce monde, en gardant les portes de nos familles et les frontières de nos pays suffisamment ouvertes pour grandir, avec les autres, en humanité et en sainteté.

Quelles sont les différences entre nos familles d'aujourd'hui et celle de Jésus de Nazareth ?

Comment nous y prendre concrètement pour éviter à nos familles et à nos pays le repli sur soi ?

Que faisons-nous pour participer à la naissance d'un nouveau monde fait d'amour et de fraternité ? ■

PrionsenEglise Junior

LIRE L'ÉVANGILE AVEC LES ENFANTS

CE QUE JE DÉCOUVRE

Les promesses de Dieu se réalisent toujours, même s'il faut parfois attendre longtemps… Le vieux **Syméon reconnaît en Jésus le Sauveur que le monde attend.** Devant Marie et Joseph, tout étonnés, il proclame que leur bébé est la lumière envoyée pour le salut du monde. Marie et Joseph comprennent que Jésus n'est pas un enfant comme les autres. **Il est le Fils de Dieu, venu pour sauver les hommes.**

CE QUE JE VIS

Quand on te promet quelque chose, as-tu la patience d'attendre ? T'arrive-t-il de faire des promesses ? lesquelles ? à qui ? **Dans ta prière, demande à Jésus de t'accompagner dans ta vie d'enfant.**

Texte : Patricia Metzger. Illustrations : Marcelino Truong

MÉDITATION BIBLIQUE

SAINTE FAMILLE

Évangile selon saint Luc 2, 22-40

Né pour nous, offert à nous

L'Évangile nous invite à approfondir le mystère de l'incarnation. Le Fils éternel fait chair, fragile comme peut l'être un nourrisson, soumis aux lois de la croissance humaine, inséré dans les liens d'humanité d'une famille et d'un peuple : quoi de plus concret pour nous !

Le temps de la préparation

« Heureux les hommes dont tu es la force : des chemins s'ouvrent dans leur cœur ! » Ps 83 (84), 6

Le temps de l'observation

Deux groupes se distinguent : celui de la Sainte Famille et celui de deux représentants du peuple d'Israël. Ces derniers se caractérisent l'un par sa docilité à l'Esprit Saint, sa justice et sa piété, l'autre, par le service de Dieu dans le jeûne et la prière. C'est ainsi que Syméon et Anne vont être en mesure de discerner, au-delà des apparences, ce qui se joue dans le rituel en train de s'accomplir sous leurs yeux : à savoir, la présence du Messie, de celui qui délivrera son peuple et ouvrira le salut à toutes les nations. Car dans l'offrande de l'Enfant Jésus par ses parents se profile le mystère pascal. L'homme Jésus ne sera-t-il pas livré à l'occupant •••

…romain, s'offrant lui-même parce qu'« il l'a voulu », comme le chante une antienne latine du Vendredi saint. Tant au début qu'à la fin de la vie du Christ, nous trouvons cette même « logique » d'enfouissement consenti pour le salut de l'humanité tout entière.

Le temps de la méditation

En ce temps de Noël, la liturgie nous rappelle donc la finalité de l'Incarnation, indissociable du mystère pascal. Un hymne de Didier Rimaud le souligne particulièrement : « Dites-moi les anges, regardez si toute chose est à sa place […] Est-il venu, pour moi, le temps de faire grâce ? […] Avez-vous bien trouvé les tourterelles ? » « Oui, Seigneur, tout est prêt », répondent les anges, « mais il y a aussi trente pièces d'argent que l'on compte en secret… ». Autant dire qu'il s'agit pour nous de ne pas nous arrêter en chemin sur ce qui nous rassure ou nous attendrit, mais d'entrer dans la dynamique pascale et de contempler la totalité du mystère du salut pour en vivre plus pleinement au quotidien. Se laisser offrir avec le Christ, s'offrir soi-même sous la conduite de l'Esprit au fil des aléas de notre histoire collective et personnelle : tel est bien l'horizon de notre existence de chrétiens, « étrangers » et « voyageurs » sur cette terre.

Le temps de la prière

« Seigneur, tu as ouvert
mes oreilles ;
alors j'ai dit : “Voici je viens.” »
Ps 39 (40), 7. 8 ■

Sœur Emmanuelle Billoteau,
ermite

Une prière *de Pierre Charland, pour ce dimanche*

Comble-nous de ta grâce

Dieu notre Père,
nous avançons souvent sans savoir
ce qu'il en sera de l'avenir.
Viens habiter nos maisons,
pour qu'y règnent la paix et la joie.
Enseigne-nous l'espérance
même quand la route est difficile.
Apprends-nous le respect et l'écoute
même quand nous ne comprenons pas.
Que nous sachions nous étonner
de l'œuvre de l'Esprit en chaque personne ;
que nos vies soient une réponse
à ton amour infini et miséricordieux.
Nous te prions de veiller sur nos familles
et de toujours les combler de ta grâce !

30 DÉCEMBRE
BIENHEUREUX JEAN-MARIE BOCCARDO

LE SAINT DU MOIS
BIENHEUREUX JEAN-MARIE BOCCARDO (1848-1913)

En imitant Jésus

Au cours du XIXe siècle, il régna sur le clergé de Turin et de ses environs comme un « microclimat de sainteté ». De saint Joseph-Benoît Cottolengo au bienheureux Joseph Allamano, en passant – bien sûr – par saint Jean Bosco et saint Léonard Murialdo, de nombreux saints prêtres rayonnèrent dans une époque difficile, marquée par un anticléricalisme virulent et de graves problèmes sociaux.

Jean-Marie (Giovanni Maria) Boccardo fut l'une de ces figures lumineuses. Né à Moncalieri, près de Turin, dans une famille de dix enfants (son frère cadet, Louis, a également été béatifié), il entra au séminaire à 16 ans et fut ordonné prêtre à 23 ans, en 1871. Voyant dans toute vocation religieuse « un don à faire fructifier tous les jours », il commença par partager son émerveillement, sa foi et son savoir, aux séminaristes de Chieri puis à ceux de Turin, en tant que directeur spirituel.

En 1882, sa vie changea radicalement quand il fut nommé curé de Pancalieri, un petit village de moins de trois mille âmes, situé à une quarantaine de kilomètres au sud de Turin. D'emblée, à la manière de saint Pierre Fourier ou de saint Jean-Marie Vianney qu'il admirait beaucoup, il affirma solennellement vouloir être le « serviteur de tous », « ne cherchant rien d'autre que le bien de tous ». Dès 1884, il en donna une preuve éclatante, lors de la terrible épidémie de choléra qui s'abattit sur le village. Dans l'urgence, Don Boccardo fit aménager un hospice pour les malades et réunit un petit groupe de jeunes femmes désireuses d'apporter leur aide. Tel fut le noyau d'une nouvelle congrégation religieuse hospitalière – les Pauvres Filles de saint Gaétan – qui, à partir de ce petit village du Piémont, allait essaimer jusqu'en Afrique (Togo) et en Amérique du Sud (Brésil, Équateur) !

L'humble Jean-Marie Boccardo, qui n'avait jamais recherché la lumière pour lui-même, a été béatifié en 1998, à Turin, par saint Jean-Paul II. ■

Xavier Lecœur,
journaliste et historien

UN SAINT POUR AUJOURD'HUI

Le bienheureux Jean-Marie Boccardo aimait à donner ce conseil intemporel et précieux à quiconque souhaitait s'approcher, même très lentement, de la sainteté : « Imite Jésus, marche sur ses pas, pense comme lui, parle comme lui, aime comme lui. »

© Gaëtan Évrard

Les saints Innocents

Ier siècle. Sont honorés aujourd'hui « tous les enfants de Bethléem et des environs, âgés de moins de deux ans » qui furent tués, sur ordre du roi Hérode, après la naissance de Jésus.

Antienne d'ouverture

Pour le Christ, les saints Innocents furent mis à mort :
compagnons de l'Agneau sans tache,
ils chantent sans fin dans le ciel : gloire à toi, Seigneur.

Gloire à Dieu (p. 226)

Prière

Puisqu'en ce jour, Seigneur, les saints Innocents ont annoncé ta gloire, non point par la parole, mais par leur seule mort : fais que notre vie tout entière témoigne de la foi que notre bouche proclame. Par Jésus… **— *Amen.***

Lectures propres à la fête des saints Innocents.

Lecture

de la première lettre de saint Jean (1, 5 – 2, 2)

« Le sang de Jésus nous purifie de tout péché »

Bien-aimés, tel est le message que nous avons entendu de Jésus Christ et que nous vous annonçons : Dieu est lumière ; en lui, il n'y a pas de ténèbres. Si nous disons que nous sommes en communion avec lui, alors que nous marchons dans les ténèbres, nous sommes des menteurs, nous ne

faisons pas la vérité. Mais si nous marchons dans la lumière, comme il est lui-même dans la lumière, nous sommes en communion les uns avec les autres, et le sang de Jésus, son Fils, nous purifie de tout péché. Si nous disons que nous n'avons pas de péché, nous nous égarons nous-mêmes, et la vérité n'est pas en nous. Si nous reconnaissons nos péchés, lui qui est fidèle et juste va jusqu'à pardonner nos péchés et nous purifier de toute injustice. Si nous disons que nous sommes sans péché, nous faisons de lui un menteur, et sa parole n'est pas en nous. Mes petits enfants, je vous écris cela pour que vous évitiez le péché. Mais si l'un de nous vient à pécher, nous avons un défenseur devant le Père : Jésus Christ, le Juste. C'est lui qui, par son sacrifice, obtient le pardon de nos péchés, non seulement les nôtres, mais encore ceux du monde entier. – Parole du Seigneur.

Psaume 123 (124)

℟ ***Comme un oiseau, nous avons échappé au filet du chasseur.***

Sans le Seigneur qui ét**a**it pour nous
quand des h**o**mmes nous assaillirent,
alors ils nous aval**a**ient tout vivants,
dans le fe**u** de leur colère. ℟

Alors le fl**o**t passait sur nous,
le torr**e**nt nous submergeait ;
alors nous éti**o**ns submergés
par les fl**o**ts en furie. ℟

Bén**i** soit le Seigneur !
Le filet s'est rompu : nous av**o**ns échappé.
Notre secours est le n**o**m du Seigneur
qui a fait le ci**e**l et la terre. ℟

Acclamation de l'Évangile

Alléluia. Alléluia. À toi, Dieu, notre louange ! Toi, dont témoignent les martyrs, nous t'acclamons : tu es Seigneur ! ***Alléluia.***

Évangile de Jésus Christ

selon saint Matthieu (2, 13-18)

« Hérode envoya tuer tous les enfants à Bethléem »

Après le départ des mages, voici que l'ange du Seigneur apparaît en songe à Joseph et lui dit : « Lève-toi ; prends l'enfant et sa mère, et fuis en Égypte. Reste là-bas jusqu'à ce que je t'avertisse, car Hérode va rechercher l'enfant pour le faire périr. » Joseph se leva ; dans la nuit, il prit l'enfant et sa mère, et se retira en Égypte, où il resta jusqu'à la mort d'Hérode, pour que soit accomplie la parole du Seigneur prononcée par le prophète : *D'Égypte, j'ai appelé mon fils.* Alors Hérode, voyant que les mages s'étaient moqués de lui, entra dans une violente fureur. Il envoya tuer tous les enfants jusqu'à l'âge de deux ans à Bethléem et dans toute la région, d'après la date qu'il s'était fait préciser par les mages. Alors fut accomplie la parole prononcée par le prophète Jérémie : *Un cri s'élève dans Rama, pleurs et longue plainte : c'est Rachel qui pleure ses enfants et ne veut pas être consolée, car ils ne sont plus.*

Prière sur les offrandes

Reçois, Seigneur, nous t'en prions, les offrandes de ton peuple ; purifie ceux qui s'empressent à te servir, puisque tu veux que tes mystères soient une source de salut même pour ceux qui n'ont pu te connaître. Par Jésus… ***— Amen.***

Préface de la Nativité, p. 232.

Antienne de la communion

Les enfants de Bethléem
ont été rachetés d'entre les hommes
comme prémices pour Dieu
et pour l'Agneau. (cf. Ap 14, 4)

Prière après la communion

Seigneur, accorde largement ton salut aux fidèles qui ont pris cette nourriture sainte, en ce jour où ton Église célèbre des martyrs incapables de confesser le nom de ton Fils et pourtant glorifiés par la grâce de sa naissance. Lui qui…
– *Amen.*

INVITATION

Joseph protège Marie et l'Enfant Jésus. Ai-je aussi une personne à protéger, à consoler, à aider ? J'essaie de lui rendre visite et d'être à son écoute.

COMMENTAIRE

De la violence au salut

Matthieu 2, 13-18

La souffrance des Innocents nous touche au plus profond. Un cri, des pleurs, une longue plainte… Pourquoi ? Puis, lorsque les mots reviennent : comment cela est-il possible ? La violente fureur d'Hérode et l'obéissance meurtrière des soldats ne disent pas tout. Jésus sera lui aussi contesté et mis à mort. Notre cœur est capable de le crucifier. En partageant sa Passion et celle des Innocents, entrevoyons-nous son salut ? ■

***Père Nicolas Tarralle**, assomptionniste*

MARDI 29 DÉCEMBRE 2020

TEMPS DE NOËL COULEUR LITURGIQUE : BLANC

5e jour dans l'octave de la Nativité

(Saint Thomas Becket)

Antienne d'ouverture

Dieu a tant aimé le monde qu'il a donné le Fils unique :
ainsi tout homme qui croit en lui ne périra pas
mais il obtiendra la vie éternelle. (Jn 3, 16)

Gloire à Dieu *(p. 226)*

Prière

Dieu que nul œil ne peut voir, tu as dissipé les ténèbres du monde en lui envoyant ta lumière ; tourne vers nous ton visage de paix, et nos louanges proclameront l'incroyable largesse que tu nous fais dans la naissance de ton Fils unique. Lui qui… – ***Amen.***

Lecture

de la première lettre de saint Jean (2, 3-11)

« Celui qui aime son frère demeure dans la lumière »

Bien-aimés, voici comment nous savons que nous connaissons Jésus Christ : si nous gardons ses commandements. Celui qui dit : « Je le connais », et qui ne garde pas ses commandements, est un menteur : la vérité n'est pas en lui. Mais en celui qui garde sa parole, l'amour de

Dieu atteint vraiment la perfection : voilà comment nous savons que nous sommes en lui. Celui qui déclare demeurer en lui doit, lui aussi, marcher comme Jésus lui-même a marché. Bien-aimés, ce n'est pas un commandement nouveau que je vous écris, mais un commandement ancien que vous aviez depuis le commencement. La parole que vous avez entendue, c'est le commandement ancien. Et pourtant, c'est un commandement nouveau que je vous écris ; ce qui est vrai en cette parole l'est aussi en vous ; en effet, les ténèbres passent et déjà brille la vraie lumière. Celui qui déclare être dans la lumière et qui a de la haine contre son frère* est dans les ténèbres jusqu'à maintenant. Celui qui aime son frère demeure dans la lumière, et il n'y a en lui aucune occasion de chute. Mais celui qui a de la haine contre son frère est dans les ténèbres : il marche dans les ténèbres sans savoir où il va, parce que les ténèbres ont aveuglé ses yeux. – Parole du Seigneur.

Psaume 95 (96)

℟ ***Joie au ciel ! Exulte la terre !***

Chantez au Seigneur un chant nouveau,
chantez au Seigneur, terre entière,
chantez au Seigneur et bénissez son nom ! ℟

De jour en jour, proclamez son salut,
racontez à tous les peuples sa gloire,
à toutes les nations ses merveilles ! ℟

Lui, le Seigneur, a fait les cieux :
devant lui, splendeur et majesté,
dans son sanctuaire, puissance et beauté. ℟

Acclamation de l'Évangile

Alléluia, Alléluia. Lumière qui se révèle aux nations et donne gloire à ton peuple Israël. ***Alléluia.***

Évangile de Jésus Christ

selon saint Luc (2, 22-35)

« Lumière qui se révèle aux nations »

Quand fut accompli le temps prescrit par la loi de Moïse pour la purification, les parents de Jésus l'amenèrent à Jérusalem pour le présenter au Seigneur, selon ce qui est écrit dans la Loi : *Tout premier-né de sexe masculin sera consacré au Seigneur.* Ils venaient aussi offrir le sacrifice prescrit par la loi du Seigneur : *un couple de tourterelles ou deux petites colombes.*

Or, il y avait à Jérusalem un homme appelé Syméon. C'était un homme juste et religieux, qui attendait la Consolation d'Israël, et l'Esprit Saint était sur lui. Il avait reçu de l'Esprit Saint l'annonce qu'il ne verrait pas la mort avant d'avoir vu le Christ, le Messie du Seigneur. Sous l'action de l'Esprit, Syméon vint au Temple. Au moment où les parents présentaient l'enfant Jésus pour se conformer au rite de la Loi qui le concernait, Syméon reçut l'enfant dans ses bras, et il bénit Dieu en disant : « Maintenant, ô Maître souverain, tu peux laisser ton serviteur s'en aller en paix, selon ta parole. Car mes yeux ont vu le salut que tu préparais à la face des peuples : lumière qui se révèle aux nations et donne gloire à ton peuple Israël. »

Le père et la mère de l'enfant s'étonnaient de ce qui était dit de lui.

Syméon les bénit, puis il dit à Marie sa mère : « Voici que cet enfant provoquera la chute et le relèvement de beaucoup en Israël. Il sera un signe de contradiction – et toi, ton âme sera traversée d'un glaive – : ainsi seront dévoilées les pensées qui viennent du cœur d'un grand nombre. »

Prière sur les offrandes

Accepte, Seigneur notre Dieu, ce que nous présentons pour cette eucharistie où s'accomplit un admirable échange : en offrant ce que tu nous as donné, puissions-nous te recevoir toi-même. Par Jésus… — ***Amen.***

Préface de la Nativité, p. 232.

Antienne de la communion

Par l'amour du cœur de notre Dieu,
le Christ, Soleil levant,
est venu nous visiter.
(Lc 1, 78)

Prière après la communion

Dieu tout-puissant, nous t'en prions : fais que la communion à tes mystères sacrés soutienne constamment notre vie. Par Jésus… — ***Amen.***

INVITATION

Syméon reconnaît en Jésus le Sauveur.
Je rends grâce pour les personnes qui ont fait naître et grandir ma foi.
Et si je leur écrivais un petit mot pour les en remercier ?

COMMENTAIRE

Le cadeau de Syméon Luc 2, 22-35

Syméon offre à l'Église une merveilleuse prière pour conclure la journée : s'en aller en paix en ayant vu le salut de Dieu. De quelle manière l'Enfant Jésus nous a-t-il donc été présenté aujourd'hui ? Laissons-nous étonner, comme Marie et Joseph, de le redécouvrir autrement. L'Esprit qui habite Syméon nous donne de recevoir Jésus dans nos bras et de bénir Dieu : il accorde sa paix maintenant aux fidèles serviteurs que nous sommes. ■

Père Nicolas Tarralle, assomptionniste

✲ CLÉ DE LECTURE

« De la haine contre son frère » 1 Jean 2, 9 *(p. 211)*

Assurément, nous parlons toujours trop légèrement de l'amour fraternel. Qui est certain d'avoir mis son cœur et sa vie en cohérence avec son discours ? La lettre de Jean met durement les choses au point : il reste toujours en nous un fond de ténèbres, ou une propension à les côtoyer. Chacun sait bien à quel point il est difficile de laisser entrer la lumière jusqu'au fond de soi. Peut-être alors faut-il nous remettre en mémoire, comme le fait la liturgie, les paroles du vieillard Syméon, dont les yeux ont « vu » la lumière : cet enfant qui proposerait à tous son chemin de salut. Mais ce chemin n'est pas celui de la facilité, il passe par le glaive qui traverse les cœurs, il passe par l'affrontement et le pardon, il passe par la Croix. ■

Roselyne Dupont-Roc, bibliste

MERCREDI 30 DÉCEMBRE 2020

TEMPS DE NOËL COULEUR LITURGIQUE : BLANC

6e jour dans l'octave de la Nativité

Antienne d'ouverture

Alors qu'un profond silence enveloppait toutes choses
et que la nuit en était au milieu de son cours, ta parole toute-puissante,
Seigneur, est venue du ciel, ta demeure royale. (Sg 18, 14-15)

Gloire à Dieu *(p. 226)*

Prière

Nous t'en prions, Dieu tout-puissant, alors que le péché nous retient encore sous sa loi, donne-nous la délivrance par la prodigieuse et nouvelle naissance en notre chair de ton Fils unique, Jésus Christ. Lui qui… ***— Amen.***

Lecture

de la première lettre de saint Jean (2, 12-17)

« Celui qui fait la volonté de Dieu demeure pour toujours »

Je vous l'écris, petits enfants : Vos péchés vous sont remis à cause du nom de Jésus. Je vous l'écris, parents : Vous connaissez celui qui existe depuis le commencement. Je vous l'écris, jeunes gens : Vous avez vaincu le Mauvais. Je vous l'ai écrit, enfants : Vous connaissez le Père. Je vous l'ai écrit, parents : Vous connaissez celui qui existe depuis le

commencement. Je vous l'ai écrit, jeunes gens : Vous êtes forts, la parole de Dieu demeure en vous, vous avez vaincu le Mauvais.
N'aimez pas le monde, ni ce qui est dans le monde. Si quelqu'un aime le monde, l'amour du Père n'est pas en lui. Tout ce qu'il y a dans le monde – la convoitise de la chair, la convoitise des yeux, l'arrogance de la richesse –, tout cela ne vient pas du Père, mais du monde. Or, le monde passe, et sa convoitise avec lui. Mais celui qui fait la volonté de Dieu demeure pour toujours.
– Parole du Seigneur.

Psaume 95 (96)

℟ ***Joie au ciel ! Exulte la terre !***

Rendez au Seigneur, familles des peuples,
rendez au Seigneur la gloire et la puissance,
rendez au Seigneur la gloire de son nom. ℟

Apportez votre offrande,
entrez dans ses parvis,
adorez le Seigneur, éblouissant de sainteté :
tremblez devant lui, terre entière. ℟

Allez dire aux nations : « Le Seigneur est roi ! »
Le monde, inébranlable, tient bon.
Il gouverne les peuples avec droiture. ℟

Acclamation de l'Évangile

Alléluia. Alléluia. Aujourd'hui la lumière a brillé sur la terre. Peuples de l'univers, entrez dans la clarté de Dieu. Venez tous adorer le Seigneur ! ***Alléluia.***

Évangile de Jésus Christ

selon saint Luc (2, 36-40)

« Elle parlait de l'enfant à tous ceux qui attendaient la délivrance de Jérusalem »

En ce temps-là, quand les parents de Jésus vinrent le présenter au Temple, il y avait aussi une femme prophète, Anne, fille de Phanuel, de la tribu d'Aser. Elle était très avancée en âge ; après sept ans de mariage, demeurée veuve, elle était arrivée à l'âge de 84 ans. Elle ne s'éloignait pas du Temple, servant Dieu jour et nuit dans le jeûne et la prière. Survenant à cette heure même, elle proclamait les louanges de Dieu et parlait de l'enfant à tous ceux qui attendaient la délivrance de Jérusalem. Lorsqu'ils eurent achevé tout ce que prescrivait la loi du Seigneur, ils retournèrent en Galilée, dans leur ville de Nazareth. L'enfant, lui, grandissait et se fortifiait, rempli de sagesse, et la grâce de Dieu était sur lui.

Prière sur les offrandes

Reçois favorablement, Seigneur, les offrandes de ton peuple, pour qu'il obtienne dans le mystère eucharistique les biens auxquels il croit de tout son cœur. Par Jésus… ***— Amen.***

Préface de la Nativité, p. 232.

Antienne de la communion

Tous nous avons eu part à la plénitude du Christ : nous avons reçu grâce après grâce.

(Jn 1, 16)

Prière après la communion

Quand nous allons communier, Seigneur, tu viens à notre rencontre ; produis en nos cœurs le fruit de ce sacrement, car seule ta grâce peut nous préparer à recevoir tes grâces. Par Jésus… ***— Amen.***

INVITATION

Ma paroisse organise peut-être un « hiver solidaire » ou des maraudes. Et si je proposais mon aide ?

COMMENTAIRE

Jésus, l'antidote

1 Jean 2, 12-17 ; Luc 2, 36-40

La convoitise du monde passe, avec la chair et les richesses, mais l'amour du Père, que Jésus nous révèle, demeure pour toujours. Saint Jean ne s'attache pas à dénigrer la vie dans le monde, mais à présenter l'antidote au Mauvais qui l'habite : Jésus Christ. Nous le connaissons, il nous a libérés du péché. Mais avons-nous fait l'expérience d'être détourné d'une convoitise en nous attachant à lui ? Que cette journée nous en donne la joie. ■

Père Nicolas Tarralle, assomptionniste

JEUDI 31 DÉCEMBRE 2020

TEMPS DE NOËL COULEUR LITURGIQUE : BLANC

7e jour dans l'octave de la Nativité

(Saint Sylvestre)

Antienne d'ouverture

Un enfant nous est né, un fils nous a été donné ;
l'insigne du pouvoir est sur son épaule ;
on l'appelle Messager de Dieu. (Is 9, 5)

Gloire à Dieu (p. 226)

Prière

Dieu éternel et tout-puissant, tu as voulu que tout effort de l'homme vers toi trouve son origine et son achèvement dans l'incarnation de ton Fils ; accorde-nous d'être comptés dans la part du Christ qui résume en lui le salut du genre humain. Lui qui… — ***Amen.***

Lecture

de la première lettre de saint Jean (2, 18-21)

« C'est de celui qui est saint que vous tenez l'onction, et vous avez tous la connaissance »

Mes enfants, c'est la dernière heure et, comme vous l'avez appris, un anti-Christ, un adversaire du Christ, doit venir ; or, il y a dès maintenant beaucoup d'anti-Christs ; nous savons ainsi que c'est la dernière

heure. Ils sont sortis de chez nous mais ils n'étaient pas des nôtres; s'ils avaient été des nôtres, ils seraient demeurés avec nous. Mais pas un d'entre eux n'est des nôtres, et cela devait être manifesté. Quant à vous, c'est de celui qui est saint que vous tenez l'onction, et vous avez tous la connaissance. Je ne vous ai pas écrit que vous ignorez la vérité, mais que vous la connaissez, et que de la vérité ne vient aucun mensonge. – Parole du Seigneur.

Psaume 95 (96)

℟ ***Joie au ciel ! Exulte la terre !***

Chantez au Seigneur un chant nouveau,
chantez au Seigneur, terre entière,
chantez au Seigneur et bénissez son nom ! ℟

Joie au ciel ! Exulte la terre !
Les masses de la mer mugissent,
la campagne tout entière est en fête. ℟

Les arbres des forêts dansent de joie
devant la face du Seigneur, car il vient,
car il vient pour juger la terre. ℟

Acclamation de l'Évangile

Alléluia, Alléluia. Le Verbe s'est fait chair, il a établi parmi nous sa demeure. À tous ceux qui l'ont reçu, il a donné de pouvoir devenir enfants de Dieu. ***Alléluia.***

Évangile de Jésus Christ
selon saint Jean (1, 1-18)

Le Verbe s'est fait chair

Au commencement était le Verbe, et le Verbe était auprès de Dieu, et le Verbe était Dieu. Il était au commencement auprès de Dieu. C'est par lui que tout est venu à l'existence, et rien de ce qui s'est fait ne s'est fait sans lui. En lui était la vie, et la vie était la lumière des hommes ; la lumière brille dans les ténèbres, et les ténèbres ne l'ont pas arrêtée.

Il y eut un homme envoyé par Dieu ; son nom était Jean. Il est venu comme témoin, pour rendre témoignage à la Lumière, afin que tous croient par lui. Cet homme n'était pas la Lumière, mais il était là pour rendre témoignage à la Lumière.

Le Verbe était la vraie Lumière, qui éclaire tout homme en venant dans le monde. Il était dans le monde, et le monde était venu par lui à l'existence, mais le monde ne l'a pas reconnu. Il est venu chez lui, et les siens ne l'ont pas reçu. Mais à tous ceux qui l'ont reçu, il a donné de pouvoir devenir enfants de Dieu, eux qui croient en son nom. Ils ne sont pas nés du sang, ni d'une volonté charnelle, ni d'une volonté d'homme : ils sont nés de Dieu. Et le Verbe s'est fait chair, il a habité parmi nous*, et nous avons vu sa gloire, la gloire qu'il tient de son Père comme Fils unique, plein de grâce et de vérité.

Jean le Baptiste lui rend témoignage en proclamant : « C'est de lui que j'ai dit : Celui qui vient derrière moi est passé devant moi, car avant moi il était. » Tous nous avons eu part à sa plénitude, nous avons reçu grâce après grâce ; car la Loi fut donnée par Moïse, la grâce et la vérité sont venues par Jésus Christ. Dieu, personne ne l'a jamais vu ; le Fils unique, lui qui est Dieu, lui qui est dans le sein du Père, c'est lui qui l'a fait connaître.

Prière sur les offrandes

Dieu qui donnes la grâce de te servir avec droiture et de chercher la paix, fais que cette offrande puisse te glorifier, et que notre participation à l'eucharistie renforce les liens de notre unité. Par Jésus… — ***Amen.***

Préface de la Nativité, p. 232.

Antienne de la communion

Dieu a envoyé son Fils unique
dans le monde
pour que nous vivions par lui.
(1 Jn 4, 9)

Prière après la communion

Ton peuple, Seigneur, a besoin de multiples secours pour sa traversée d'ici-bas ; que ta bonté les lui donne aujourd'hui et demain : trouvant alors la force nécessaire dans les biens qui passent, il recherchera les biens éternels avec plus de confiance. Par Jésus… — ***Amen.***

INVITATION

Au soir de cette année 2020, qui fut difficile pour beaucoup, je rends grâce pour tous les gestes de solidarité et d'amour accomplis avec dévouement. Et je demande au Seigneur sa lumière pour tous les hommes.

COMMENTAIRE

L'éternité entre dans nos jours 1 Jean 2, 18-21 ; Jean 1, 1-18

En ce dernier jour de l'année calendaire, saint Jean nous parle tour à tour du commencement et de la dernière heure. L'enfant de Bethléem – Lumière des nations fêtée à Noël – est le Verbe qui était auprès de Dieu – qui était Dieu au commencement – et le Christ vainqueur de la mort – attendu à la fin des temps. C'est de lui que nous tenons la vérité et la vie : par le baptême nous entrons dans son éternité. Nos jours accueillent le temps de Dieu. ■ *Père Nicolas Tarralle, assomptionniste*

❊ CLÉ DE LECTURE

« Il a habité parmi nous » Jean 1, 14 *(p. 221)*

La traduction – « Il a planté sa tente parmi nous » – cache une image frappante. La « tente » (« skènè ») évoque la tente de la rencontre que Moïse installait dans le désert pour que Dieu vienne accompagner son peuple en marche. Elle vient, ensuite, couvrir dans le temple de Jérusalem l'arche située dans le Saint des saints, lieu où se manifeste la gloire de Dieu au milieu des siens. Que la parole de Dieu vienne « planter sa tente parmi nous », c'est faire à notre humanité fragile et périssable l'insigne honneur d'accueillir dans sa chair la présence divine. Celui qui est venu parler au nom du Père a connu un corps humain semblable au nôtre, si bien que chacun, désormais, dans son corps de chair, pourra prendre part à son tour à la gloire divine du Fils. ■ *Roselyne Dupont-Roc, bibliste*

La liturgie de la messe

OUVERTURE DE LA CÉLÉBRATION

Chant d'entrée

S'il n'y a pas de chant d'entrée, on dit l'antienne d'ouverture.

Le prêtre et les fidèles, debout, se signent, tandis que le prêtre dit :
Au nom du Père, et du Fils, et du Saint-Esprit. Amen.

Salutation

(1) La grâce de Jésus notre Seigneur, l'amour de Dieu le Père
et la communion de l'Esprit Saint, soient toujours avec vous.
— Et avec votre esprit.

(2) Le Seigneur soit avec vous.
— Et avec votre esprit.

(3) Que Dieu notre Père et Jésus Christ notre Seigneur vous donnent
la grâce et la paix.
— Béni soit Dieu, maintenant et toujours !

Préparation pénitentielle

(1) *JE CONFESSE À DIEU*

Je confesse à Dieu tout-puissant, je reconnais devant mes frères, que j'ai péché en pensée, en parole, par action et par omission; oui, j'ai vraiment péché. C'est pourquoi je supplie la Vierge Marie, les anges et tous les saints, et vous aussi, mes frères, de prier pour moi le Seigneur notre Dieu.

(2) Seigneur, accorde-nous ton pardon. ***– Nous avons péché contre toi.***
Montre-nous ta miséricorde. ***– Et nous serons sauvés.***

(3) Seigneur Jésus, envoyé par le Père pour guérir et sauver les hommes,
prends pitié de nous. ***– Prends pitié de nous.***
Ô Christ, venu dans le monde appeler tous les pécheurs,
prends pitié de nous. ***– Prends pitié de nous.***
Seigneur, élevé dans la gloire du Père où tu intercèdes pour nous,
prends pitié de nous. ***– Prends pitié de nous.***

Que Dieu tout-puissant nous fasse miséricorde; qu'il nous pardonne nos péchés et nous conduise à la vie éternelle. ***– Amen.***

Si l'on a choisi la 1re ou la 2e formule, on dit:

Seigneur, prends pitié. ***– Seigneur, prends pitié.***
Ô Christ, prends pitié. ***– Ô Christ, prends pitié.***
Seigneur, prends pitié. ***– Seigneur, prends pitié.***

Gloire à Dieu

Gloire à Dieu, au plus haut des cieux, et paix sur la terre aux hommes qu'il aime. Nous te louons, nous te bénissons, nous t'adorons, nous te glorifions, nous te rendons grâce, pour ton immense gloire, Seigneur Dieu, Roi du ciel, Dieu le Père tout-puissant.
Seigneur, Fils unique, Jésus Christ, Seigneur Dieu, Agneau de Dieu, le Fils du Père; toi qui enlèves le péché du monde, prends pitié de nous; toi qui enlèves le péché du monde, reçois notre prière; toi qui es assis à la droite du Père, prends pitié de nous.
Car toi seul es saint, toi seul es Seigneur, toi seul es le Très-Haut : Jésus Christ, avec le Saint-Esprit dans la gloire de Dieu le Père.
Amen.

Gloria in excelsis Deo et in terra pax hominibus bonae voluntatis. Laudamus te, benedicimus te, adoramus te. Glorificamus te. Gratias agimus tibi propter magnam gloriam tuam, Domine Deus, Rex caelestis, Deus Pater omnipotens. Domine Fili unigenite, Jesu Christe. Domine Deus, Agnus Dei, Filius Patris. Qui tollis peccata mundi, miserere nobis. Qui tollis peccata mundi, suscipe deprecationem nostram; qui sedes ad dexteram Patris, miserere nobis. Quoniam tu solus sanctus, tu solus Dominus, tu solus Altissimus, Jesu Christe, cum Sancto Spiritu : in gloria Dei Patris. Amen.

Prière

Voir à la date du jour.

LITURGIE DE LA PAROLE

Voir à la date du jour.

Profession de foi

SYMBOLE DES APÔTRES

Je crois en Dieu, le Père tout-puissant, créateur du ciel et de la terre.

Et en Jésus Christ, son Fils unique, notre Seigneur,
qui a été conçu du Saint-Esprit, est né de la Vierge Marie,
a souffert sous Ponce Pilate, a été crucifié,
est mort et a été enseveli, est descendu aux enfers,
le troisième jour est ressuscité des morts, est monté aux cieux,
est assis à la droite de Dieu le Père tout-puissant,
d'où il viendra juger les vivants et les morts.

Je crois en l'Esprit Saint,
à la sainte Église catholique, à la communion des saints,
à la rémission des péchés, à la résurrection de la chair,
à la vie éternelle.

Amen.

Symbole de Nicée-Constantinople

Je crois en un seul Dieu, le Père tout-puissant,
créateur du ciel et de la terre, de l'univers visible et invisible.
Je crois en un seul Seigneur, Jésus Christ, le Fils unique de Dieu,
né du Père avant tous les siècles :
il est Dieu, né de Dieu, lumière, née de la lumière, vrai Dieu, né du vrai Dieu,
engendré, non pas créé, de même nature que le Père; et par lui tout a été fait.
Pour nous les hommes, et pour notre salut, il descendit du ciel;
par l'Esprit Saint, il a pris chair de la Vierge Marie, et s'est fait homme.
Crucifié pour nous sous Ponce Pilate,
il souffrit sa passion et fut mis au tombeau.
Il ressuscita le troisième jour, conformément aux Écritures,
et il monta au ciel; il est assis à la droite du Père.
Il reviendra dans la gloire, pour juger les vivants et les morts;
et son règne n'aura pas de fin.
Je crois en l'Esprit Saint, qui est Seigneur et qui donne la vie;
il procède du Père et du Fils;
avec le Père et le Fils, il reçoit même adoration et même gloire;
il a parlé par les prophètes.
Je crois en l'Église, une, sainte, catholique et apostolique.
Je reconnais un seul baptême pour le pardon des péchés.
J'attends la résurrection des morts, et la vie du monde à venir.
Amen.

Credo

Credo in unum Deum,
Patrem omnipotentem,
factorem caeli et terrae,
visibilium omnium et invisibilium.
Et in unum Dominum,
Jesum Christum,
Filium Dei unigenitum.
Et ex Patre natum ante omnia saecula.
Deum de Deo, lumen de lumine,
Deum verum de Deo vero.
Genitum non factum,
consubstantialem Patri,
per quem omnia facta sunt.
Qui propter nos homines,
et propter nostram salutem,
descendit de caelis.
Et incarnatus est de Spiritu Sancto
ex Maria Virgine,
et homo factus est.
Crucifixus etiam pro nobis sub Pontio
Pilato, passus, et sepultus est.
Et resurrexit tertia die,
secundum Scripturas.
Et ascendit in caelum,
sedet ad dexteram Patris.
Et iterum venturus est
cum gloria judicare vivos et mortuos;
cujus regni non erit finis.
Et in Spiritum Sanctum, Dominum,
et vivificantem :
qui ex Patre Filioque procedit;
Qui cum Patre et Filio
simul adoratur et conglorificatur :
qui locutus est per Prophetas.
Et unam sanctam catholicam
et apostolicam Ecclesiam.
Confiteor unum baptisma
in remissionem peccatorum.
Et expecto resurrectionem mortuorum,
et vitam venturi saeculi.

Amen.

Prière universelle

LITURGIE EUCHARISTIQUE

Préparation des dons

Tu es béni, Dieu de l'univers, toi qui nous donnes ce pain, fruit de la terre et du travail des hommes; nous te le présentons : il deviendra le pain de la vie.

— Béni soit Dieu, maintenant et toujours !

Comme cette eau se mêle au vin pour le sacrement de l'Alliance, puissions-nous être unis à la divinité de Celui qui a pris notre humanité.

Tu es béni, Dieu de l'univers, toi qui nous donnes ce vin, fruit de la vigne et du travail des hommes; nous te le présentons : il deviendra le vin du Royaume éternel. ***— Béni soit Dieu, maintenant et toujours !***

Humbles et pauvres, nous te supplions, Seigneur, accueille-nous : que notre sacrifice, en ce jour, trouve grâce devant toi.

Lave-moi de mes fautes, Seigneur, purifie-moi de mon péché.

Prions ensemble, au moment d'offrir le sacrifice de toute l'Église.

— Pour la gloire de Dieu et le salut du monde.

Prière sur les offrandes *Voir à la date du jour.*

Prière eucharistique

Le Seigneur soit avec vous. ***— Et avec votre esprit.***

Élevons notre cœur. ***— Nous le tournons vers le Seigneur.***

Rendons grâce au Seigneur notre Dieu. ***— Cela est juste et bon.***

Préfaces *(La numérotation des préfaces suit l'édition 1978 du Missel romain.)*

Les préfaces du mois de décembre

1re préface de l'Avent (1)

Les deux avènements du Christ

Vraiment, il est juste et bon de te rendre gloire, de t'offrir notre action de grâce, toujours et en tout lieu, à toi, Père très saint, Dieu éternel et tout-puissant, par le Christ, notre Seigneur. Car il est déjà venu, en prenant la condition des hommes, pour accomplir l'éternel dessein de ton amour et nous ouvrir le chemin du salut; il viendra de nouveau, revêtu de sa gloire, afin que nous possédions dans la pleine lumière les biens que tu nous as promis et que nous attendons en veillant dans la foi. C'est pourquoi, avec les anges et les archanges, avec les puissances d'en haut et tous les esprits bienheureux, nous chantons l'hymne de ta gloire et sans fin nous proclamons:

Saint ! Saint ! Saint...

2e préface de l'Avent (2)

L'attente des deux avènements du Christ

Vraiment, il est juste et bon de te rendre gloire, de t'offrir notre action de grâce, toujours et en tout lieu, à toi, Père très saint, Dieu éternel et tout-puissant, par le Christ, notre Seigneur. Il est celui que tous les prophètes avaient chanté, celui que la Vierge attendait avec amour, celui dont Jean Baptiste a proclamé la venue et révélé la présence au milieu des hommes. C'est lui qui nous donne la joie d'entrer déjà dans le mystère de Noël, pour qu'il nous trouve, quand il viendra, vigilants dans la prière et remplis d'allégresse. C'est pourquoi, avec les anges et les archanges, avec les puissances d'en haut et tous les esprits bienheureux, nous chantons l'hymne de ta gloire et sans fin nous proclamons:

Saint ! Saint ! Saint...

Les préfaces du mois de décembre

1re préface de la Nativité (3)

Le Christ lumière

Vraiment, il est juste et bon de te rendre gloire, de t'offrir notre action de grâce, toujours et en tout lieu, à toi, Père très saint, Dieu éternel et tout-puissant. Car la révélation de ta gloire s'est éclairée pour nous d'une lumière nouvelle dans le mystère du Verbe incarné : maintenant, nous connaissons en lui Dieu qui s'est rendu visible à nos yeux, et nous sommes entraînés par lui à aimer ce qui demeure invisible. C'est pourquoi, avec les anges et les archanges, avec les puissances d'en haut et tous les esprits bienheureux, nous chantons l'hymne de ta gloire et sans fin nous proclamons :

Saint ! Saint ! Saint…

2e préface de la Nativité (4)

Restauration de l'univers par l'Incarnation

Vraiment, il est juste et bon de te rendre gloire, de t'offrir notre action de grâce, toujours et en tout lieu, à toi, Père très saint, Dieu éternel et tout-puissant. Dans le mystère de la Nativité, celui qui par nature est invisible se rend visible à nos yeux ; engendré avant le temps, il entre dans le cours du temps. Faisant renaître en lui la création déchue, il restaure toute chose et remet l'homme égaré sur le chemin de ton Royaume. C'est pourquoi, avec les anges qui proclamaient ta gloire dans le ciel, nous voulons te bénir en (disant) chantant :

Saint ! Saint ! Saint…

Les préfaces du mois de décembre

3e préface de la Nativité (5)

L'échange entre Dieu et les hommes dans le Verbe fait chair

Vraiment, il est juste et bon de te rendre gloire, de t'offrir notre action de grâce, toujours et en tout lieu, à toi, Père très saint, Dieu éternel et tout-puissant, par le Christ, notre Seigneur. Par lui s'accomplit en ce jour l'échange merveilleux où nous sommes régénérés : lorsque ton Fils prend la condition de l'homme, la nature humaine en reçoit une incomparable noblesse; il devient tellement l'un de nous que nous devenons éternels. C'est pourquoi, avec les anges qui proclamaient ta gloire dans les cieux, pleins de joie, nous (disons) chantons :

Saint ! Saint ! Saint, le Seigneur,
Dieu de l'univers !
Le ciel et la terre
sont remplis de ta gloire.
Hosanna au plus haut des cieux.
Béni soit celui
qui vient au nom du Seigneur.
Hosanna au plus haut des cieux.

Sanctus, Sanctus, Sanctus
Dominus Deus Sabaoth
Pleni sunt caeli et terra gloria tua.
Hosanna in excelsis. Benedictus
qui venit in nomine Domini.
Hosanna in excelsis.

• *Prière eucharistique* **1**
« Père infiniment bon... » .... *p. 234*
• *Prière eucharistique* **2**
« Toi qui es vraiment saint... » .... *p. 238*
• *Prière eucharistique* **3**
« Tu es vraiment saint... » .... *p. 241*
• *Prière eucharistique* **4**
« Père très saint... » .... *p. 244*
• *Prière eucharistique pour assemblée d'enfants* **1**
« Dieu notre Père... » .... *p. 248*

Prière eucharistique n° 1

Père infiniment bon, toi vers qui montent nos louanges, nous te supplions par Jésus Christ, ton Fils, notre Seigneur, d'accepter et de bénir + ces offrandes saintes.

Nous te les présentons avant tout pour ta sainte Église catholique : accorde-lui la paix et protège-la, daigne la rassembler dans l'unité et la gouverner par toute la terre ; nous les présentons en même temps pour ton serviteur le pape N., pour notre évêque N. et tous ceux qui veillent fidèlement sur la foi catholique reçue des Apôtres. Souviens-toi, Seigneur, de tes serviteurs (de N. et N.) et de tous ceux qui sont ici réunis, dont tu connais la foi et l'attachement.

(Silence)

Nous t'offrons pour eux, ou ils t'offrent pour eux-mêmes et tous les leurs ce sacrifice de louange, pour leur propre rédemption, pour le salut qu'ils espèrent ; et ils te rendent cet hommage, à toi, Dieu éternel, vivant et vrai.

Dans la communion de toute l'Église, nous voulons nommer en premier lieu la bienheureuse Marie toujours Vierge, Mère de notre Dieu et Seigneur, Jésus Christ ; •••

Le dimanche :

Dans la communion de toute l'Église, en ce premier jour de la semaine, nous célébrons le jour où le Christ est ressuscité d'entre les morts ; et nous voulons nommer en premier lieu la bienheureuse Marie toujours Vierge, Mère de notre Dieu et Seigneur, Jésus Christ ; •••

Pour l'Immaculée Conception :

Dans la communion de toute l'Église, nous célébrons le jour où la Vierge Marie a été conçue sans la faute originelle puisque tu l'avais choisie pour être la mère du Sauveur, et nous voulons nommer en premier lieu cette Vierge bienheureuse, la Mère de notre Dieu et Seigneur, Jésus Christ; •••

De la Nativité au 1er janvier inclus :

Dans la communion de toute l'Église, nous célébrons le jour très saint (la nuit très sainte) où Marie, dans la gloire de sa virginité, enfanta le Sauveur du monde; et nous voulons nommer en premier lieu cette Vierge bienheureuse, la Mère de notre Dieu et Seigneur, Jésus Christ; •••

••• saint Joseph, son époux, les saints Apôtres et Martyrs Pierre et Paul, André, [Jacques et Jean, Thomas, Jacques et Philippe, Barthélemy et Matthieu, Simon et Jude, Lin, Clet, Clément, Sixte, Corneille et Cyprien, Laurent, Chrysogone, Jean et Paul, Côme et Damien,] et tous les saints. Accorde-nous, par leur prière et leurs mérites, d'être, toujours et partout, forts de ton secours et de ta protection.

Voici l'offrande que nous présentons devant toi, nous, tes serviteurs, et ta famille entière, dans ta bienveillance, accepte-la. Assure toi-même la paix de notre vie, arrache-nous à la damnation et reçois-nous parmi tes élus.

Sanctifie pleinement cette offrande par la puissance de ta bénédiction, rends-la parfaite et digne de toi : qu'elle devienne pour nous le corps et le sang de ton Fils bien-aimé, Jésus Christ, notre Seigneur.

La veille de sa passion, il prit le pain dans ses mains très saintes et, les

yeux levés au ciel, vers toi, Dieu, son Père tout-puissant, en te rendant grâce il le bénit, le rompit, et le donna à ses disciples, en disant :
« Prenez, et mangez-en tous : ceci est mon corps livré pour vous. »

De même, à la fin du repas, il prit dans ses mains cette coupe incomparable ; et te rendant grâce à nouveau, il la bénit, et la donna à ses disciples en disant :
« Prenez et buvez-en tous, car ceci est la coupe de mon sang, le sang de l'Alliance nouvelle et éternelle, qui sera versé pour vous et pour la multitude, en rémission des péchés. Vous ferez cela, en mémoire de moi. »

(1) Il est grand, le mystère de la foi :
Nous proclamons ta mort, Seigneur Jésus, nous célébrons ta résurrection, nous attendons ta venue dans la gloire.

(2) Quand nous mangeons ce pain et buvons à cette coupe, nous célébrons le mystère de la foi :
Nous rappelons ta mort,
Seigneur ressuscité,
et nous attendons que tu viennes.

(3) Proclamons le mystère de la foi :
Gloire à toi qui étais mort, gloire à toi qui es vivant, notre Sauveur et notre Dieu : Viens, Seigneur Jésus !

C'est pourquoi nous aussi, tes serviteurs, et ton peuple saint avec nous, faisant mémoire de la passion bienheureuse de ton Fils, Jésus Christ, notre Seigneur, de sa résurrection du séjour des morts et de sa glorieuse ascension dans le ciel, nous te présentons, Dieu de gloire et de majesté, cette offrande prélevée sur les biens que tu nous donnes, le sacrifice pur et saint, le sacrifice parfait, pain de la vie éternelle et coupe du salut.
Et comme il t'a plu d'accueillir les présents d'Abel le Juste, le sacrifice

de notre père Abraham, et celui que t'offrit Melchisédech, ton grand prêtre, en signe du sacrifice parfait, regarde cette offrande avec amour et, dans ta bienveillance, accepte-la.
Nous t'en supplions, Dieu tout-puissant : qu'elle soit portée par ton ange en présence de ta gloire, sur ton autel céleste, afin qu'en recevant ici, par notre communion à l'autel, le corps et le sang de ton Fils, nous soyons comblés de ta grâce et de tes bénédictions.

Souviens-toi de tes serviteurs (de N. et N.) qui nous ont précédés, marqués du signe de la foi, et qui dorment dans la paix…
(Silence)

Pour eux et pour tous ceux qui reposent dans le Christ, nous implorons ta bonté : qu'ils entrent dans la joie, la paix et la lumière. Et nous, pécheurs, qui mettons notre espérance en ta miséricorde inépuisable, admets-nous dans la communauté des bienheureux Apôtres et Martyrs, de Jean Baptiste, Étienne, Matthias et Barnabé, [Ignace, Alexandre, Marcellin et Pierre, Félicité et Perpétue, Agathe, Lucie, Agnès, Cécile, Anastasie,] et de tous les saints. Accueille-nous dans leur compagnie, sans nous juger sur le mérite mais en accordant ton pardon, par Jésus Christ, notre Seigneur.
C'est par lui que tu ne cesses de créer tous ces biens, que tu les bénis, leur donnes la vie, les sanctifies et nous en fais le don.

Par lui, avec lui et en lui, à toi, Dieu le Père tout-puissant, dans l'unité du Saint-Esprit, tout honneur et toute gloire, pour les siècles des siècles. – ***Amen.***

(Communion : p. 251)

Prière eucharistique n° 2

On peut aussi choisir une autre préface.

Vraiment, Père très saint, il est juste et bon de te rendre grâce, toujours et en tout lieu, par ton Fils bien-aimé, Jésus Christ : car il est ta Parole vivante, par qui tu as créé toutes choses ; c'est lui que tu nous as envoyé comme Rédempteur et Sauveur, Dieu fait homme, conçu de l'Esprit Saint, né de la Vierge Marie ; pour accomplir jusqu'au bout ta volonté et rassembler du milieu des hommes un peuple saint qui t'appartienne, il étendit les mains à l'heure de sa passion, afin que soit brisée la mort, et que la résurrection soit manifestée. C'est pourquoi, avec les anges et tous les saints, nous proclamons ta gloire, en chantant (disant) d'une seule voix :

Saint ! Saint ! Saint, le Seigneur,
Dieu de l'univers ! Le ciel et la terre
sont remplis de ta gloire.
Hosanna au plus haut des cieux.
Béni soit celui qui vient
au nom du Seigneur.
Hosanna au plus haut des cieux.

Toi qui es vraiment saint, toi qui es la source de toute sainteté, Seigneur, nous te prions : •••

Le dimanche :

Toi qui es vraiment saint, toi qui es la source de toute sainteté, nous voici rassemblés devant toi, et, dans la communion de toute l'Église, en ce premier jour de la semaine, nous célébrons le jour où le Christ est ressuscité d'entre les morts. Par lui que tu as élevé à ta droite, Dieu notre Père, nous te prions : •••

Pour l'Immaculée Conception :

Toi qui es vraiment saint, toi qui es la source de toute sainteté, nous voici rassemblés devant toi, et, dans la communion de toute l'Église, nous célébrons le jour où la Vierge Marie a été conçue sans la faute originelle, puisque tu l'avais choisie pour être la mère du Sauveur. Par lui, qui a enlevé le péché du monde, Dieu notre Père, nous te prions : •••

De la Nativité au 1er janvier inclus :

Toi qui es vraiment saint, toi qui es la source de toute sainteté, nous voici rassemblés devant toi, et, dans la communion de toute l'Église, nous célébrons le jour très saint (la nuit très sainte) où Marie, dans la gloire de sa virginité, enfanta le Sauveur du monde. Par lui, notre Rédempteur et notre Seigneur, Dieu notre Père, nous te prions : •••

••• Sanctifie ces offrandes en répandant sur elles ton Esprit ; qu'elles deviennent pour nous le corps ✠ et le sang de Jésus, le Christ, notre Seigneur.

Au moment d'être livré et d'entrer librement dans sa passion, il prit le pain, il rendit grâce, il le rompit et le donna à ses disciples, en disant : « Prenez, et mangez-en tous : ceci est mon corps livré pour vous. »
De même, à la fin du repas, il prit la coupe ; de nouveau il rendit grâce, et la donna à ses disciples, en disant : « Prenez, et buvez-en tous, car ceci est la coupe de mon sang, le sang de l'Alliance nouvelle et éternelle, qui sera versé pour vous et pour la multitude en rémission des péchés. Vous ferez cela, en mémoire de moi. »

(1) Il est grand, le mystère de la foi :
Nous proclamons ta mort, Seigneur Jésus, nous célébrons ta résurrection, nous attendons ta venue dans la gloire.

(2) Quand nous mangeons ce pain et buvons à cette coupe, nous célébrons le mystère de la foi :

Prière eucharistique n° 2

Nous rappelons ta mort,
Seigneur ressuscité,
et nous attendons que tu viennes.

(3) Proclamons le mystère de la foi :
Gloire à toi qui étais mort,
gloire à toi qui es vivant,
notre Sauveur et notre Dieu :
Viens, Seigneur Jésus !

Faisant ici mémoire de la mort et de la résurrection de ton Fils, nous t'offrons, Seigneur, le pain de la vie et la coupe du salut, et nous te rendons grâce, car tu nous as choisis pour servir en ta présence. Humblement, nous te demandons qu'en ayant part au corps et au sang du Christ, nous soyons rassemblés par l'Esprit Saint en un seul corps.

Souviens-toi, Seigneur, de ton Église répandue à travers le monde : fais-la grandir dans ta charité avec le pape N., notre évêque N., et tous ceux qui ont la charge de ton peuple. Souviens-toi aussi de nos frères qui se sont endormis dans l'espérance de la résurrection, et de tous les hommes qui ont quitté cette vie : reçois-les dans ta lumière, auprès de toi. Sur nous tous enfin, nous implorons ta bonté : permets qu'avec la Vierge Marie, la bienheureuse Mère de Dieu, avec saint Joseph, son époux, avec les Apôtres et les saints de tous les temps qui ont vécu dans ton amitié, nous ayons part à la vie éternelle, et que nous chantions ta louange, par Jésus Christ, ton Fils bien-aimé.

Par lui, avec lui et en lui, à toi, Dieu le Père tout-puissant, dans l'unité du Saint-Esprit, tout honneur et toute gloire, pour les siècles des siècles. – ***Amen.***

(Communion : p. 251)

Prière eucharistique n° 3

Tu es vraiment saint, Dieu de l'univers, et toute la création proclame ta louange, car c'est toi qui donnes la vie, c'est toi qui sanctifies toutes choses, par ton Fils, Jésus Christ, notre Seigneur, avec la puissance de l'Esprit Saint ; et tu ne cesses de rassembler ton peuple, afin qu'il te présente partout dans le monde une offrande pure.

C'est pourquoi nous te supplions de consacrer toi-même les offrandes que nous apportons : •••

Le dimanche :

C'est pourquoi nous voici rassemblés devant toi, et, dans la communion de toute l'Église, en ce premier jour de la semaine nous célébrons le jour où le Christ est ressuscité d'entre les morts. Par lui, que tu as élevé à ta droite, Dieu tout-puissant, nous te supplions de consacrer toi-même les offrandes que nous apportons : •••

Pour l'Immaculée Conception :

C'est pourquoi nous voici rassemblés devant toi, et, dans la communion de toute l'Église, nous célébrons le jour où la Vierge Marie a été conçue sans la faute originelle, puisque tu l'avais choisie pour être la mère du Sauveur. Par lui, qui a enlevé le péché du monde, Dieu tout-puissant, nous te supplions de consacrer toi-même les offrandes que nous apportons : •••

De la Nativité au 1er janvier :

C'est pourquoi nous voici rassemblés devant toi, et, dans la communion de toute l'Église, nous célébrons le jour très saint (la nuit très sainte) où Marie, dans la gloire de sa virginité, enfanta le Sauveur du monde. Par lui, notre Rédempteur et notre Seigneur, Dieu tout-puissant, nous te supplions de consacrer toi-même les offrandes que nous apportons : •••

Prière eucharistique nº 3

••• Sanctifie-les par ton Esprit, pour qu'elles deviennent le corps ✠ et le sang de ton Fils Jésus Christ, notre Seigneur, qui nous a dit de célébrer ce mystère.
La nuit même où il fut livré, il prit le pain, en te rendant grâce il le bénit, il le rompit et le donna à ses disciples, en disant : « Prenez, et mangez-en tous : ceci est mon corps livré pour vous. »
De même, à la fin du repas, il prit la coupe, en te rendant grâce il la bénit, et la donna à ses disciples, en disant : « Prenez, et buvez-en tous, car ceci est la coupe de mon sang, le sang de l'Alliance nouvelle et éternelle, qui sera versé pour vous et pour la multitude en rémission des péchés. Vous ferez cela, en mémoire de moi. »

(1) Il est grand, le mystère de la foi :
Nous proclamons ta mort, Seigneur Jésus, nous célébrons ta résurrection, nous attendons ta venue dans la gloire.

(2) Quand nous mangeons ce pain et buvons à cette coupe, nous célébrons le mystère de la foi :
Nous rappelons ta mort,
Seigneur ressuscité,
et nous attendons que tu viennes.

(3) Proclamons le mystère de la foi :
Gloire à toi qui étais mort,
gloire à toi qui es vivant, notre Sauveur et notre Dieu : Viens, Seigneur Jésus !

En faisant mémoire de ton Fils, de sa passion qui nous sauve, de sa glorieuse résurrection et de son ascension dans le ciel, alors que nous attendons son dernier avènement, nous présentons cette offrande vivante et sainte pour te rendre grâce.
Regarde, Seigneur, le sacrifice de ton Église, et daigne y reconnaître celui de ton Fils qui nous a rétablis dans ton Alliance ; quand nous serons nourris de son corps et de son sang et remplis

de l'Esprit Saint, accorde-nous d'être un seul corps et un seul esprit dans le Christ.

Que l'Esprit Saint fasse de nous une éternelle offrande à ta gloire, pour que nous obtenions un jour les biens du monde à venir, auprès de la Vierge Marie, la bienheureuse Mère de Dieu, avec saint Joseph, son époux, avec les Apôtres, les martyrs, [saint N.] et tous les saints, qui ne cessent d'intercéder pour nous.

Et maintenant, nous te supplions, Seigneur : par le sacrifice qui nous réconcilie avec toi, étends au monde entier le salut et la paix. Affermis la foi et la charité de ton Église au long de son chemin sur la terre : veille sur ton serviteur le pape N., et notre évêque N., l'ensemble des évêques, les prêtres, les diacres, et tout le peuple des rachetés. Écoute les prières de ta famille assemblée devant toi, et ramène à toi, Père très aimant, tous tes enfants dispersés. Pour nos frères défunts, pour les hommes qui ont quitté ce monde, et dont tu connais la droiture, nous te prions : reçois-les dans ton Royaume, où nous espérons être comblés de ta gloire, tous ensemble et pour l'éternité, par le Christ, notre Seigneur, par qui tu donnes au monde toute grâce et tout bien.

Par lui, avec lui et en lui, à toi, Dieu le Père tout-puissant, dans l'unité du Saint-Esprit, tout honneur et toute gloire, pour les siècles des siècles. — ***Amen.***

(Communion : p. 251)

Prière eucharistique nº 4

Vraiment, il est bon de te rendre grâce, il est juste et bon de te glorifier, Père très saint, car tu es le seul Dieu, le Dieu vivant et vrai : tu étais avant tous les siècles, tu demeures éternellement, lumière au-delà de toute lumière. Toi, le Dieu de bonté, la source de la vie, tu as fait le monde pour que toute créature soit comblée de tes bénédictions, et que beaucoup se réjouissent de ta lumière. Ainsi, les anges innombrables qui te servent jour et nuit se tiennent devant toi, et, contemplant la splendeur de ta face, n'interrompent jamais leur louange. Unis à leur hymne d'allégresse, avec la création tout entière qui t'acclame par nos voix, Dieu, nous te chantons :

Saint ! Saint ! Saint, le Seigneur,
Dieu de l'univers !
Le ciel et la terre
sont remplis de ta gloire.
Hosanna au plus haut des cieux.
Béni soit celui qui vient
au nom du Seigneur.
Hosanna au plus haut des cieux.

Père très saint, nous proclamons que tu es grand et que tu as créé toutes choses avec sagesse et par amour : tu as fait l'homme à ton image, et tu lui as confié l'univers, afin qu'en te servant, toi son Créateur, il règne sur la création.
Comme il avait perdu ton amitié en se détournant de toi, tu ne l'as pas abandonné au pouvoir de la mort. Dans ta miséricorde, tu es venu en aide à tous les hommes pour qu'ils te cherchent et puissent te trouver.
Tu as multiplié les alliances avec eux, et tu les as formés, par les prophètes, dans l'espérance du salut. Tu as tellement aimé le monde, Père très saint, que tu nous as envoyé ton propre Fils,

lorsque les temps furent accomplis, pour qu'il soit notre Sauveur. Conçu de l'Esprit Saint, né de la Vierge Marie, il a vécu notre condition d'homme en toute chose, excepté le péché, annonçant aux pauvres la bonne nouvelle du salut ; aux captifs, la délivrance ; aux affligés, la joie.

Pour accomplir le dessein de ton amour, il s'est livré lui-même à la mort, et, par sa résurrection, il a détruit la mort et renouvelé la vie. Afin que notre vie ne soit plus à nous-mêmes, mais à lui qui est mort et ressuscité pour nous, il a envoyé d'auprès de toi, comme premier don fait aux croyants, l'Esprit qui poursuit son œuvre dans le monde et achève toute sanctification.

Que ce même Esprit Saint, nous t'en prions, Seigneur, sanctifie ces offrandes : qu'elles deviennent ainsi le corps + et le sang de ton Fils dans la célébration de ce grand mystère, que lui-même nous a laissé en signe de l'Alliance éternelle.

Quand l'heure fut venue où tu allais le glorifier, comme il avait aimé les siens qui étaient dans le monde, il les aima jusqu'au bout : pendant le repas qu'il partageait avec eux, il prit le pain, il le bénit, le rompit et le donna à ses disciples, en disant :
« Prenez, et mangez-en tous : ceci est mon corps livré pour vous. »

De même, il prit la coupe remplie de vin, il rendit grâce et la donna à ses disciples, en disant :
« Prenez, et buvez-en tous, car ceci est la coupe de mon sang, le sang de l'Alliance nouvelle et éternelle, qui sera versé pour vous et pour la multitude, en rémission des péchés. Vous ferez cela, en mémoire de moi. »

Prière eucharistique n° 4

(1) Il est grand, le mystère de la foi :
Nous proclamons ta mort,
Seigneur Jésus,
nous célébrons ta résurrection,
nous attendons ta venue
dans la gloire.

(2) Quand nous mangeons ce pain et buvons à cette coupe, nous célébrons le mystère de la foi :
Nous rappelons ta mort,
Seigneur ressuscité,
et nous attendons que tu viennes.

(3) Proclamons le mystère de la foi :
Gloire à toi qui étais mort,
gloire à toi qui es vivant,
notre Sauveur et notre Dieu :
Viens, Seigneur Jésus !

Voilà pourquoi, Seigneur, nous célébrons aujourd'hui le mémorial de notre rédemption : en rappelant la mort de Jésus Christ et sa descente au séjour des morts, en proclamant sa résurrection et son ascension à ta droite dans le ciel, en attendant aussi qu'il vienne dans la gloire, nous t'offrons son corps et son sang, le sacrifice qui est digne de toi et qui sauve le monde.

Regarde, Seigneur, cette offrande que tu as donnée toi-même à ton Église ; accorde à tous ceux qui vont partager ce pain et boire à cette coupe d'être rassemblés par l'Esprit Saint en un seul corps, pour qu'ils soient eux-mêmes dans le Christ une vivante offrande à la louange de ta gloire.

Et maintenant, Seigneur, rappelle-toi tous ceux pour qui nous offrons le sacrifice : le pape N., notre évêque N. et tous les évêques, les prêtres et ceux qui les assistent, les fidèles qui présentent cette offrande, les membres de notre assemblée, le peuple qui t'appartient et tous les hommes qui te cherchent avec droiture.

Souviens-toi aussi de nos frères qui sont morts dans la paix du Christ, et de tous les morts dont toi seul connais la foi.

À nous qui sommes tes enfants, accorde, Père très bon, l'héritage de la vie éternelle auprès de la Vierge Marie, la bienheureuse Mère de Dieu, auprès de saint Joseph, son époux, auprès des Apôtres et de tous les saints, dans ton Royaume, où nous pourrons, avec la création tout entière enfin libérée du péché et de la mort, te glorifier par le Christ, notre Seigneur, par qui tu donnes au monde toute grâce et tout bien.

Par lui, avec lui et en lui, à toi, Dieu le Père tout-puissant, dans l'unité du Saint-Esprit, tout honneur et toute gloire, pour les siècles des siècles. – ***Amen.***

(Communion : p. 251)

Prière eucharistique pour assemblées d'enfants n° 1

Dieu notre Père, tu nous as réunis, et nous sommes devant toi pour te fêter, pour t'acclamer et te dire l'émerveillement de nos cœurs.

Sois loué pour ce qui est beau dans le monde et pour la joie que tu mets en nous.
Sois loué pour la lumière du jour et pour ta parole qui nous éclaire. Sois loué pour la terre et les hommes qui l'habitent, sois loué pour la vie qui nous vient de toi.

Oui, tu es très bon, tu nous aimes et tu fais pour nous des merveilles. Alors, tous ensemble, nous chantons :
Le ciel et la terre
sont remplis de ta gloire.
Hosanna au plus haut des cieux.

Toi, tu penses toujours aux hommes. Tu ne veux pas être loin d'eux, tu as envoyé parmi nous Jésus, ton Fils bien-aimé. Il est venu nous sauver : il a guéri les malades, il a pardonné aux pécheurs. À tous, il a montré ton amour ; il a accueilli et béni les enfants. Pleins de reconnaissance, nous acclamons :
Béni soit celui qui vient
au nom du Seigneur.
Hosanna au plus haut des cieux.

Nous ne sommes pas seuls pour te fêter, Seigneur. Partout sur la terre, ton peuple te rend gloire. Nous te prions avec l'Église entière, avec le pape N. et notre évêque N.

Dans le ciel, la Vierge Marie, les Apôtres et tous les saints te bénissent. Avec eux, avec les anges, nous t'adorons en chantant :
Saint ! Saint ! Saint,
le Seigneur,
Dieu de l'univers !
Hosanna au plus haut des cieux.

Prière eucharistique pour assemblées d'enfants n° 1

Père très saint, nous voudrions te montrer notre reconnaissance. Nous avons apporté ce pain et ce vin : qu'ils deviennent pour nous le corps ✝ et le sang de Jésus ressuscité. Alors nous pourrons t'offrir ce qui vient de toi.

Un soir, en effet, juste avant sa mort, Jésus mangeait avec ses Apôtres. Il a pris du pain sur la table. Dans sa prière, il t'a béni. Puis il a partagé le pain, en disant à ses amis :
« Prenez, et mangez-en tous : ceci est mon corps livré pour vous. »

À la fin du repas, il a pris une coupe de vin. Il dit encore une action de grâce. Puis il donna la coupe à ses amis, en leur disant :
« Prenez, et buvez-en tous, car ceci est la coupe de mon sang, le sang de l'Alliance nouvelle et éternelle, qui sera versé pour vous et pour la multitude en rémission des péchés. »
Il leur dit aussi : « Vous ferez cela, en mémoire de moi. »

Ce que Jésus nous a dit de faire, nous le faisons dans cette eucharistie : en proclamant sa mort et sa résurrection, nous te présentons le pain de la vie et la coupe du salut.
Il nous conduit vers toi, notre Père : nous t'en prions, accueille-nous avec lui.
Christ est mort pour nous,
Christ est ressuscité !
Nous t'attendons, Seigneur Jésus !

Père, toi qui nous aimes tant, laisse-nous venir à cette table, unis dans la joie de l'Esprit Saint, pour recevoir le corps et le sang de ton Fils.

Toi qui n'oublies jamais personne, nous te prions pour ceux que nous aimons, (N. et N.), et pour ceux qui

sont partis vers toi. Souviens-toi de ceux qui souffrent et qui ont de la peine, de la grande famille des chrétiens et de tous les hommes dans le monde entier.
Nous te prions aussi pour nous, et nous prions les uns pour les autres. Devant ce que tu fais par ton Fils, Dieu notre Père, nous sommes émerveillés, et nous chantons encore :

Par lui, avec lui et en lui, à toi, Dieu le Père tout-puissant, dans l'unité du Saint-Esprit, tout honneur et toute gloire, pour les siècles des siècles. – ***Amen.***

(Communion : page ci-contre.)

COMMUNION

Notre Père

(1) Unis dans le même Esprit, nous pouvons dire avec confiance
la prière que nous avons reçue du Sauveur :

(2) Comme nous l'avons appris du Sauveur et selon son commandement,
nous osons dire :

NOTRE PÈRE

**Notre Père qui es aux cieux, que ton nom soit sanctifié,
que ton règne vienne, que ta volonté soit faite sur la terre comme au ciel.
Donne-nous aujourd'hui notre pain de ce jour. Pardonne-nous
nos offenses, comme nous pardonnons aussi à ceux qui nous ont offensés.
Et ne nous laisse pas entrer en tentation, mais délivre-nous du Mal.**

PATER NOSTER

*Pater Noster qui es in caelis, sanctificetur nomen tuum, adveniat regnum tuum,
fiat voluntas tua sicut in caelo et in terra. Panem nostrum quotidianum da nobis
hodie, et dimitte nobis debita nostra, sicut et nos dimittimus debitoribus nostris,
et ne nos inducas in tentationem sed libera nos a malo.*

Délivre-nous de tout mal, Seigneur, et donne la paix à notre temps :
par ta miséricorde, libère-nous du péché, rassure-nous devant les épreuves

en cette vie où nous espérons le bonheur que tu promets et l'avènement de Jésus Christ, notre Sauveur. – ***Car c'est à toi qu'appartiennent le règne, la puissance et la gloire pour les siècles des siècles !***

Échange de la paix

Seigneur Jésus Christ, tu as dit à tes Apôtres : « Je vous laisse la paix, je vous donne ma paix » : ne regarde pas nos péchés mais la foi de ton Église; pour que ta volonté s'accomplisse, donne-lui toujours cette paix, et conduis-la vers l'unité parfaite, toi qui règnes pour les siècles des siècles. – ***Amen.***
Que la paix du Seigneur soit toujours avec vous. – ***Et avec votre esprit.***
Frères et sœurs, dans la charité du Christ, donnez-vous la paix.

Fraction du pain

Agneau de Dieu

Agneau de Dieu, qui enlèves le péché du monde, prends pitié de nous. *(bis)*
Agneau de Dieu, qui enlèves le péché du monde, donne-nous la paix.

Agnus Dei

Agnus Dei qui tollis peccata mundi, miserere nobis. (bis)
Agnus Dei qui tollis peccata mundi, dona nobis pacem.

Communion

Le prêtre complète, à voix basse, sa préparation personnelle à la communion :

(1) Seigneur Jésus Christ, Fils du Dieu vivant, selon la volonté du Père et avec la puissance du Saint-Esprit, tu as donné, par ta mort, la vie au monde; que ton corps et ton sang me délivrent de mes péchés et de tout mal; fais que je demeure fidèle à tes commandements et que jamais je ne sois séparé de toi.
(2) Seigneur Jésus Christ, que cette communion à ton corps et à ton sang n'entraîne pour moi ni jugement ni condamnation; mais qu'elle soutienne mon esprit et mon corps et me donne la guérison.

Montrant aux fidèles le pain eucharistique, le prêtre invite à la communion:

Heureux les invités au repas du Seigneur!
Voici l'Agneau de Dieu qui enlève le péché du monde.
— Seigneur, je ne suis pas digne de te recevoir;
mais dis seulement une parole et je serai guéri.

Chant de communion *ou antienne de la communion.*

Prière après la communion *voir à la date du jour*

CONCLUSION DE LA CÉLÉBRATION

Le Seigneur soit avec vous. ***— Et avec votre esprit.***
Que Dieu tout-puissant vous bénisse,
le Père, et le Fils ✠ et le Saint-Esprit. ***— Amen.***

Le diacre ou le prêtre dit:

Allez, dans la paix du Christ. ***— Nous rendons grâce à Dieu.***

Chants pour la célébration

Suggestions et propositions de chants pour décembre 2020.
Les chants signalés en rouge dans le tableau ci-dessous sont consultables à la page indiquée.

	Ouverture	Réf.	Communion / Action de grâce	Réf.
6 déc.	Préparez, à travers le… *(p. 256)* Réveille, Seigneur, ta… *(p. 260)*	Ed. Emmanuel Ed. Voix Nvelles	Approchons-nous de… *(p. 257)* Vienne la rosée *(p. 265)*	D 19-30 ELH 103
13 déc.	Aux jours de la promesse Aube nouvelle *(p. 258)*	X28-45 E 130	Le Christ va se… *(p. 266)* Notre âme attend le… *(p. 268)*	B 63-22 Taizé
20 déc.	Venez, Divin Messie *(p. 258)* Peuples qui marchez	E 9 E 127	Cieux, répandez votre justice Voici que la Vierge… *(p. 270)*	E554 Ed. Emmanuel
Nuit de Noël	Il est né le Divin Enfant *(p. 259)* À pleine voix, chantons… *(p. 255)*	F 56 FP180-2SM	Douce nuit *(p. 267)* Dieu venu dans notre histoire	F 13 EDIT 114
Jour de Noël	Peuple fidèle *(p. 259)* Les anges dans nos… *(p. 263)*	 F 9	Verbum caro factum est *(p. 264)* Tout le ciel s'emplit	F64-88 F 58
27 déc.	Peuples, criez de joie Aujourd'hui, dans notre… *(p. 262)*	M 27 FP 47	Qui donc a mis la table ? *(p. 272)* Terre de Noël	B121 FD36-01

Suggestions proposées par P. Thibault Van Den Driessche, en collaboration avec ChantonsenÉglise

À pleine voix, chantons pour Dieu *(Ouverture)*

F 180-2 SM / FP 180-2 SM; T. : D. Rimaud; M. : Anonyme; Studio SM.

① À pleine voix, chantons pour Dieu
nos chants de joie, nos chants de fête !
À pleine voix, chantons pour Dieu
nos chants de joie, nos chants de fête !
Dieu est présent dans un enfant :
sa gloire habite notre terre !
À pleine voix chantons pour Dieu
nos chants de joie, nos chants de fête !

② Ne pensons pas que Dieu se tait
quand il se dit par sa naissance !
Ne pensons pas que Dieu se tait
quand il se dit par sa naissance !
Dieu est ici et tout est dit :
cherchons où lève sa semence !
Ne pensons pas que Dieu se tait
quand il se dit par sa naissance !

③ Ne marchons plus à perdre cœur
par des chemins sans espérance !
Ne marchons plus à perdre cœur
par des chemins sans espérance !
Dieu va sauver le monde entier,
en se chargeant de nos souffrances.
Ne marchons plus à perdre cœur,
par des chemins sans espérance !

④ Rien ne pourra nous séparer
de l'amitié que Dieu nous porte !
Rien ne pourra nous séparer
de l'amitié que Dieu nous porte !
Par Jésus Christ, et dans l'Esprit,
cette assurance est la plus forte.
Rien ne pourra nous séparer
de l'amitié que Dieu nous porte !

⑤ Pour annoncer les temps nouveaux
prenons le pain de sa tendresse !
Pour annoncer les temps nouveaux
prenons le pain de sa tendresse !
Vienne le jour de son retour :
que tous les hommes le connaissent !
Pour annoncer les temps nouveaux,
prenons le pain de sa tendresse !

Préparez, à travers le désert (Ouverture)

T. : d'après Isaïe 40, 1-11 ; M. : C. Boet ; Éd. de l'Emmanuel.

② **Portez à mon peuple la joie, consolez, consolez mes enfants,**
proclamez le salut de Dieu, le rachat et le pardon des péchés.

③ **Voici, le Seigneur vient à nous, et sa gloire en ce monde paraît.**
Sa parole nous est donnée pour nos pas, elle est lumière à jamais.

④ **Élève avec force ta voix le voici, ton berger, ne crains pas,**
il rassemble tous ses enfants, les conduit sur les chemins de la vie !

Approchons-nous de la table *(Communion)*

D 19-30 ; T. et M. : M. Dannaud ; Éd. de l'Emmanuel.

① **Approchons-nous de la table où le Christ va s'offrir parmi nous.**
Offrons-lui ce que nous sommes car le Christ va nous transformer en lui.

② **Voici l'admirable échange où le Christ prend sur lui nos péchés.**
Mettons-nous en sa présence, il nous revêt de sa divinité.

③ **Père, nous te rendons grâce pour ton Fils Jésus Christ le Seigneur.**
Par ton Esprit de puissance, rends-nous dignes de vivre de tes dons.

Aube nouvelle *(Ouverture)*

E 130; T. : M. Scouarnec; M. : J. Akepsimas; Studio SM.

① **Aube nouvelle dans notre nuit : pour sauver son peuple, Dieu va venir.**
Joie pour les pauvres, fête aujourd'hui : il faut préparer la route au Seigneur. *(bis)*

② **Bonne nouvelle, cris et chansons : pour sauver son peuple, Dieu va venir.**
Voix qui s'élève dans nos déserts : il faut préparer la route au Seigneur. *(bis)*

③ **Terre nouvelle, monde nouveau : pour sauver son peuple, Dieu va venir.**
Paix sur la terre, ciel parmi nous : il faut préparer la route au Seigneur. *(bis)*

Venez Divin Messie *(Ouverture pour le temps de l'Avent)*

E 9; T. : L. Barjon, A.-M. Roguet; M. : D. Rimaud, C. Rozier; Éd. Musique et liturgie.

Refrain : **Venez, Divin Messie, nous rendre espoir et nous sauver !**
Vous êtes notre vie : venez, venez, venez !

① **Ô Fils de Dieu, ne tardez pas ;**
par votre corps donnez la joie
à notre monde en désarroi.
Redites-nous encore
de quel amour vous nous aimez ;
tant d'hommes vous ignorent !
Venez, venez, venez !

② **À Bethléem, les cieux chantaient**
que le meilleur de vos bienfaits
c'était le don de votre paix.
Le monde la dédaigne :
partout les cœurs sont divisés !
Qu'arrive votre règne !
Venez, venez, venez !

Il est né le Divin Enfant *(Noël)*

F 56; Traditionnel; Éd. Musique et liturgie.

Refrain : **Il est né le Divin Enfant,**
jour de fête aujourd'hui sur terre ;
il est né le Divin Enfant,
chantons tous son avènement.

① **Le Sauveur que le monde attend**
pour tout homme est la vraie lumière,
le Sauveur que le monde attend
est clarté pour tous les vivants.

② **De la crèche au crucifiement,**
Dieu nous livre un profond mystère,
de la crèche au crucifiement,
il nous aime inlassablement.

③ **Qu'il revienne à la fin des temps**
nous conduire à la joie du Père,
qu'il revienne à la fin des temps
et qu'il règne éternellement !

Peuple fidèle *(Noël)*

T. : C. Rozier; M. : J.-F. Wade (vers 1740); Musique et Liturgie.

① **Peuple fidèle,**
le Seigneur t'appelle :
c'est fête sur terre,
le Christ est né.
Viens à la crèche
voir le Roi du monde.

② **Verbe, lumière,**
et splendeur du Père,
il naît d'une mère,
petit enfant,
Dieu véritable,
le Seigneur fait homme.

Refrain : **En lui viens reconnaître, en lui viens reconnaître,**
en lui viens reconnaître, ton Dieu, ton Sauveur.

Réveille, Seigneur, ta puissance (Ouverture)

T. : et M. : J. Gelineau ; Éd. Voix Nouvelles.

Strophes

1er dimanche de l'Avent

Celui que les pauvres espèrent
et qu'attendent les nations,
notre Sauveur vient avec gloire et puissance.

2e dimanche de l'Avent

Celui qu'annonçaient les prophètes
et que Jean montra du doigt est parmi nous,
Dieu se souvient de son peuple.

3e dimanche de l'Avent

Le Verbe engendré par le Père,
rejeté par les pécheurs, vient chez les siens,
joie et lumière du monde.

4e dimanche de l'Avent

Selon la parole de l'ange,
tu viens prendre notre chair, Dieu, Fils de Dieu,
né de la Vierge Marie.

Versets

① **Fais-nous voir, Seigneur, ton amour**
et donne-nous ton salut.

② **Son salut est proche de ceux qui le craignent,**
et la gloire habitera notre terre.

③ **La vérité germera de la terre,**
et du ciel se penchera la justice.

④ **Gloire au Père, au Fils, au Saint-Esprit,**
dans les siècles des siècles, amen.

Aujourd'hui, dans notre monde (Ouverture)

F47 ; T. : D. Rimaud ; M. : « Jesu Redemptor », adaptation : C. Geoffray ; © Éd. du Seuil.

② Aujourd'hui dans notre mort a paru la vie
pour changer les cœurs des hommes qui sont endurcis.
Et l'amour est plus fort que nos misères :
gloire à Dieu et paix sur terre, alléluia !

③ Aujourd'hui dans notre chair est entré Jésus
pour unir en lui les hommes qui l'ont attendu.
Et Marie à genoux, l'offre à son Père :
gloire à Dieu et paix sur terre, alléluia !

Les anges dans nos campagnes *(Noël)*

F 9; T. : A.-M. Roguet; M. : F.-A. Gevaert; Musique et Liturgie.

Refrain : **Gloria in excelsis Deo.**

① Les anges dans nos campagnes
ont entonné l'hymne des cieux
et l'écho de nos montagnes
redit ce chant mélodieux.

② Bergers, pour qui cette fête ?
Quel est l'objet de tous ces chants ?
Quel vainqueur ou quel prophète
mérite ces chœurs triomphants ?

③ Il est né le Dieu de gloire :
terre tressaille de bonheur !
Que les hymnes de victoire
chantent, célèbrent ton Sauveur !

④ Il apporte à tout le monde
la paix, ce bien si précieux.
Aujourd'hui nos cœurs répondent
pour accueillir notre Dieu.

Verbum caro factum est *(Action de grâce)*

F 64-88 ; T. : Liturgie Catholique Romaine ; M. : B. Sujkerbujik ; Éd. de l'Emmanuel.

Verbum caro factum est, alleluia, alleluia ! *(bis)*

Versets

Soliste : **Et habitavit in nobis**

Assemblée : **Alleluia, alleluia !**

Soliste : **Gloria Patri et Filio et Spiritui Sancto.**

Vienne la rosée (Action de grâce)

ELH 103 / EP 103; T. : O. de la Brosse ; M. : chant populaire ; Sodec.

Le Christ va se manifester parmi nous (Communion)

B 63-22; T. : D. Bourgeois/J.-P. Revel; M. : A. Gouzes; Éd. de l'Abbaye de Sylvanès.

Prions en Église

UNE PAROLE À PARTAGER

Prions en Église
N° 359 – NOVEMBRE 2016

« La sainteté ne signifie pas faire des choses extraordinaires, mais faire celles qui sont ordinaires avec amour et avec foi. »

Pape François
Tweet du 5 décembre 2013

Pour .... De la part de ....

Photo : Nicolas Cegalerba / hemis.fr

Refrain : **Le Christ va se manifester parmi nous**
celui qui est, qui était et qui vient,
Dieu parmi nous, va dresser sa tente.

② Vous tous, ministres du Seigneur, célébrez le Seigneur !
Avec les créatures des cieux, chantez sa gloire et sa sainteté.
Vous tous, fidèles rassemblés autour de cet autel royal et saint,
Venez adorer le Christ qui habite au milieu de nous avec tous les saints du ciel.

Douce nuit *(Nuit de Noël)*

F 13 ; T. : R.P. Barjon ; M. : J. Mohr / F. Gruber ; Musique et Liturgie.

① Douce nuit, sainte nuit ! Dans les cieux l'astre luit.
Le mystère annoncé s'accomplit.
Cet enfant, sur la paille endormi, c'est l'amour infini !
C'est l'amour infini !

② C'est vers nous, qu'il accourt en un don sans retour !
De ce monde ignorant de l'amour
où commence aujourd'hui son séjour, qu'il soit Roi pour toujours !
Qu'il soit Roi pour toujours !

③ Paix à tous ! Gloire au ciel ! Gloire au sein maternel qui,
pour nous en ce jour de Noël,
enfanta le Sauveur éternel qu'attendait Israël ! Qu'attendait Israël !

Notre âme attend le Seigneur (Communion)

T. : AELF ; M. : J. Berthier ; Les Presses de Taizé.

4. Oui, mon rempart, c'est Dieu! Le Dieu de mon a-mour vient à moi.
5. Je prends ap - pui sur ton a - mour. En mon
cœur, la joie de ton sa - lut. 6. Et moi je chan-te-rai ta
for - ce, au ma - tin j'ac - cla - me - rai ton a - mour.
Versets II Tu...
1. Ja-mais tu n'a-ban-don-nes, Sei-gneur, ceux qui te cherchent.
3
2. Dieu, tu es l'al-lé-gresse et la joie de tous ceux qui te cherchent.

Voici que la Vierge concevra *(Action de grâce)*

T. et M. : Communauté de l'Emmanuel (C. Blanchard) ; Éd. de l'Emmanuel.

② **Ô Chef de ton peuple Israël,**
tu te révèles à Moïse dans le buisson ardent et lui donnes la Loi sur la montagne,
délivre-nous, par la vigueur de ton bras,
ô viens Seigneur, viens nous sauver.

③ **Ô Rameau de Jessé, étendard dressé à la face des nations,**
les rois sont muets devant toi, tandis que les peuples t'appellent :
délivre-nous, ne tarde pas,
ô viens Seigneur, viens nous sauver.

④ **Ô Clé de David, ô sceptre d'Israël,**
tu ouvres et nul ne fermera, tu fermes, et nul n'ouvrira :
viens arracher les captifs aux ténèbres,
ô viens Seigneur, viens nous sauver.

⑤ **Ô Soleil levant,**
splendeur de justice et lumière éternelle,
illumine ceux qui habitent les ténèbres et l'ombre de la mort,
ô viens Seigneur, viens nous sauver.

⑥ **Ô Roi de l'univers, ô désiré des nations,**
pierre angulaire qui joint ensemble l'un et l'autre mur,
force de l'homme pétri de limon,
ô viens Seigneur, viens nous sauver.

⑦ **Ô Emmanuel, notre législateur et notre Roi,**
espérance et salut des nations,
Ô viens Seigneur, viens nous sauver.

Qui donc a mis la table ? *(Ouverture / communion)*

B121 / C 121 ; T. et M. : C. Duchesneau ; Fleurus.

1 Qui donc a mis la table où nous attend le pain ?
Qui donc emplit la coupe où nous boirons le vin ?
Quel est celui qui nous a conviés ?
Quel est celui qui peut nous combler ?
Allons vers le festin. Il nous dira son nom.
Allons vers le festin qu'il donne en sa maison.

2 C'est toi, Jésus, qui nous conduis vers ce repas.
Et rien ne peut manquer à qui suivra tes pas.
Pour nous, ta vie prend le goût du pain.
Pour nous, ta vie coule comme un vin.
Tu viens nous inviter : tu nous l'avais promis.
Ta joie revient brûler le cœur de tes amis.

5 Seigneur Jésus, depuis le jour de ton départ,
à ton repas nous ne cessons de prendre part.
Ta mort venue, rien n'est comme avant.
Tu es pour nous le premier vivant.
Déjà ce pain de vie nous comble dans la foi,
mais viens, nous t'attendons : le monde a faim de toi.

CHANTS POUR L'ORDINAIRE

MESSE DE NOËL (SYLVANÈS)

Gloria

AL 589/Syl H 111 ; T. : AELF ; M. : A. Gouzes ; Sylvanès.

A - gneau de Dieu, le Fils du Pè - re.
3. Toi qui en - lè - ves le pé-ché du mon - de, prends pi - tié de nous;
toi qui en - lè - ves le pé-ché du mon - de, re-çois no-tre pri-è - re;
toi qui es as-sis à la droi-te du Pè-re, prends pi-tié de nous.
4. Car toi seul es saint, toi seul es Sei-gneur, toi seul
es le Très-Haut Jé - sus Christ; a - vec le Saint - Es-prit,
dans la gloi - re de Dieu le Pè-re. A - men, Al-le-lu - ia!

Offre découverte LA CROIX L'HEBDO

Chaque vendredi,
prenez le temps
d'une pause en savourant
un hebdomadaire
pas comme les autres.

4 semaines = 4 numéros OFFERTS

Pour en profiter ou en faire profiter un proche
la-croix.com/essai-hebdo3

DEUX CROISIERES-PELERINAGES D'EXCEPTION

UNE SÉLECTION PrionsenÉglise

ORGANISATION RIVAGES DU MONDE

LES POINTS FORTS : AU FIL DES FLEUVES À LA DÉCOUVERTE DES HAUTS LIEUX RELIGIEUX ET CULTURELS • UNE ANIMATION SPIRITUELLE • DES CONFÉRENCES ET DES ATELIERS

DOCUMENTATION GRATUITE AU 01 58 36 08 31 (PRÉCISER LE CODE PEE13) OU WWW.RIVAGEDUMONDE /PELERIN.FR

DÉCEMBRE 2020
LES RENDEZ-VOUS

Inspirations bibliques
Père Jacques Nieuviarts *p. 278*

Trésors de la liturgie
Sœur Emmanuelle Billoteau
p. 283

Question de Dieu
Sœur Anne Lécu
p. 280

Sagesses du désert
Jean-Guilhem Xerri
p. 286

Témoignage de lecteur ... *p. 288*
Question de foi ... *p. 290*
Pèlerinage ... *p. 291*
Église du monde ... *p. 292*
Reportage ... *p. 294*
Messes TV radio ... *p. 297*
Culture ... *p. 298*
Agenda ... *p. 301*

Photos : 1 : P.-E. Charon ; 2 : F. Brochoire/Signatures ; 3 : DR ; 4 : CIRIC.

INSPIRATIONS BIBLIQUES

Père Jacques Nieuviarts, assomptionniste,
conseiller éditorial de *Prions en Église*

Le chemin du berger

En cet Avent, les chemins empruntés par différents personnages bibliques peuvent inspirer et orienter le temps de l'attente.

À l'approche de Noël, j'aimerais tracer ici quelques beaux chemins de lumière qu'inspire la Bible. Le temps de l'Avent est celui d'une attente et la Bible connaît bien ces moments où l'on guette l'étoile, les surgissements, les lieux où l'on voit poindre des lueurs d'espérance. C'est la longue histoire de l'attente du messie. Et, avant même cela, celle d'hommes et de femmes inquiets de ne pas voir enfin venir la paix ou une période de bien-être, de sérénité, de bonheur, ou traversés par la détresse de la stérilité et de demeurer sans postérité, ce signe si manifeste de la bénédiction de Dieu. Abraham et Sarah sont, en cela, les premiers d'une longue lignée dans la Bible. La Genèse raconte les aléas de leur chemin avant que naisse Isaac, l'enfant du « rire » de Sarah ou du « sourire » de Dieu (Gn 18, 11-15). De même Anne, qui donna naissance à Samuel, exprima en larmes intarissables sa peine devant le Seigneur, au temple de Silo. Elle repartit le cœur léger lorsque le prêtre Éli lui promit, de la part du Seigneur, qu'elle connaîtrait bientôt la joie d'enfanter. Le fils auquel elle donna la vie allait être la première grande figure prophétique de la Bible. Au seuil du Nouveau Testament, Zacharie et Élisabeth connurent la même joie de donner la vie dans leur grand âge. Et Jean Baptiste fut le précurseur qui désigna aux foules l'Agneau de Dieu (Jn 1, 29). Dieu brise la stérilité en ouvrant des horizons infinis.

Ces naissances contre toute espérance ne cessent de donner à comprendre que le Seigneur est le Dieu de la vie.

Ces naissances contre toute espérance ne cessent de donner à comprendre que le Seigneur est le Dieu de la vie. Il veille sur la promesse faite à Abraham d'une lignée et d'une terre (Gn 12). Après Isaac, Jacob la verra s'épanouir, et ses fils seront les ancêtres des douze tribus d'Israël. Dans la bénédiction qu'il leur transmet avant de mourir, Juda reçoit la part de choix (Gn 49, 8-12). Et c'est de cette tribu que naîtra le messie (Mi 5, 1). L'évangéliste Luc en parle en évoquant David et c'est à Bethléem, en terre de Juda, que Joseph et Marie se rendent au temps du recensement et de la naissance de Jésus (Lc 2, 4). David est une figure messianique emblématique. Son itinéraire est tumultueux. Plus d'une fois, il se comporta en homme de pouvoir ! En cette période de l'Avent, il faut se souvenir du temps où le prophète Samuel lui donna l'onction, faisant du petit berger de Bethléem le berger de Dieu. Dans l'histoire de violence des hommes, il faut tracer le chemin de Dieu, et le bon tracé est celui du berger. ■

QUESTION DE DIEU

Sœur Anne Lécu, dominicaine

« Qui enverrai-je ? qui sera notre messager ? »

La vocation d'Isaïe naît d'une vision mais surtout d'une question, toujours actuelle et pour chacun d'entre nous : « Qui enverrai-je ? »

Le sixième chapitre du livre d'Isaïe met en scène la vocation du prophète. Tout commence par une vision très colorée. Le prophète Isaïe voit le Seigneur dans sa majesté entouré de séraphins qui chantent la gloire de Dieu.

La perception intime de la présence divine prend rarement une allure aussi foisonnante. Elle s'apparente le plus souvent dans nos vies à une voix de fin silence qui laisse sur son passage un sentiment de paix profonde et bouleversante que l'on ne peut ni décrire ni renier. Mais il est vrai aussi que pour certains, à l'instar de Claudel, la présence de Dieu s'impose d'une façon parfaitement inattendue.

La première réaction d'Isaïe est une vive prise de conscience de son indignité. « Malheur à moi ! je suis perdu, car je suis un homme aux lèvres impures, j'habite au milieu d'un peuple aux lèvres impures : et mes yeux ont vu le Roi, le Seigneur de l'univers ! » (Is 6, 5). Oui, nous sommes, aujourd'hui encore, un peuple aux lèvres impures, quand nous utilisons le verbe en le tordant pour séduire ou manipuler l'autre, ou simplement pour nous justifier à bas coût de nos petitesses.

Mais voilà qu'un séraphin s'approche d'Isaïe avec un charbon brûlant et vient toucher ses lèvres. Manière de signifier que la parole de Dieu, prise au sérieux, est brûlante. Elle vient à nous. Elle purifie qui se laisse approcher par elle. L'effet est immédiat et paradoxal : une fois que ses lèvres ont été brûlées, Isaïe entend. Peut-être parce que le

L'ascension d'Isaïe (VIIIe s.), bibliothèque Laurentienne, Florence (Italie).

© Wikipedia

Première Alliance

J'entendis alors la voix du Seigneur qui disait :
« Qui enverrai-je ? qui sera notre messager ? »
Et j'ai répondu : « Me voici : envoie-moi ! » Isaïe 6, 8

… charbon a comme premier effet de le faire taire ? Il n'est alors plus question de vision. Isaïe écoute et entend une voix qui lui pose cette question toujours actuelle, une question pour chacun de nous : « Qui enverrai-je ? » Il peut alors répondre en s'engageant dans sa parole, sur la foi inconnue qu'il découvre en lui comme un don qui lui a été fait, gratis : « Envoie-moi. »

Le prophète ignore pour l'instant le contenu de sa mission, qui s'annonce peu agréable à première vue : le Seigneur lui demande de parler à un peuple dur d'oreille, qui ne comprendra rien et ce jusqu'à ce qu'il ne reste plus qu'une souche, un petit reste, un presque rien de peuple, mais Il l'a précisé : « Cette souche est une semence sainte » (Is 6, 13).

Finalement, la vocation d'Isaïe naît dans le moment de silence qui suit la vision. À l'heure où nous nous préparons à célébrer Noël, peut-être nous faut-il beaucoup élaguer pour retrouver en nous cette « semence sainte », cet espace intérieur qui peut accueillir le Verbe qui naît dans la nuit, au cœur de chacune de nos vies ordinaires. Là où naît notre désir de vivre : « Envoie-moi. » ■

Nouvelle Alliance

Il leur dit : « La moisson est abondante, mais les ouvriers sont peu nombreux. Priez donc le maître de la moisson d'envoyer des ouvriers pour sa moisson. » Luc 10, 2

TRÉSORS DE LA LITURGIE

Sœur Emmanuelle Billoteau, ermite

« À celui que nous attendons »

FÉRIES DE L'AVENT
DU 17 AU 24 DÉCEMBRE

« Viens » : cette prière qui marque le temps de l'Avent ponctue tout particulièrement ce que la Tradition appelle les antiennes « Ô » encadrant le chant du Magnificat à la fin des vêpres, entre le 17 et le 23 décembre. Ces prières étant partiellement reprises comme versets de l'Alléluia des messes de semaine au cours de cette même période.

L'Avent ouvre l'année liturgique qui célèbre les grands évènements de l'histoire du salut. Comme son nom l'indique, l'Avent (Adventus) est centré sur les avènements du Christ. Ce qui ressort clairement de la première préface de l'Avent : « Car il [le Christ notre Seigneur] est venu en prenant la condition des hommes […] ; il viendra de nouveau, revêtu de sa gloire » à la fin des temps. Des avènements auxquels il nous appartient de nous préparer. Si la commémoration de la venue du Verbe éternel en notre chair est présente à tous les esprits, sa venue à la fin des temps l'est peut-être moins. Certaines mosaïques anciennes (à Rome et à Ravenne) savaient le rappeler en représentant •••

... le trône du Christ en gloire, vide. En faisant nôtre le « Viens » de chacune des antiennes « Ô », nous nous associons à l'attente millénaire d'Israël et des nations. Nous exprimons également notre propre désir de jouir « dans la pleine lumière » des « biens promis », de voir le salut s'accomplir pleinement, d'accéder au face-à-face avec le bien-aimé. Les antiennes s'adressent au Christ en lui attribuant des titres à saveur vétérotestamentaire : « Viens, Sagesse du Très-Haut », « Viens, Seigneur et Chef de ton peuple Israël », « Viens, Rameau de Jessé », « Viens, Clé de David », « Viens, Soleil levant », « Viens, Roi des nations », « Viens, Emmanuel ». Ces noms, qui renvoient à un aspect du mystère du Christ, sont tous associés à une demande spécifique.

À titre d'exemples, nous ne nous attarderons que sur trois de ces antiennes devenues versets d'Alléluia, laissant à chacun le soin de poursuivre ce propos. La première : « Viens, Sagesse du Très-Haut » établit un lien entre la Sagesse artisane, médiatrice entre Dieu et les hommes (Pr 8), et le Christ médiateur, « Image du Dieu invisible », « premier-né avant toute créature » en qui « tout fut créé dans le ciel et sur la terre », par qui et pour qui « tout est créé » (Col 1, 16). Ici, le « Christ-Sagesse » est approché comme celui qui « régit le monde avec force et douceur », deux qualités complémentaires sans lesquelles la réalité créée ne peut se maintenir. La demande associée à ce « viens » est la suivante : « Apprends-nous le chemin de la sagesse. » Cette supplication pouvant être envisagée sous deux angles au moins : la capacité à reconnaître dans le créé (sa beauté, sa cohésion, l'habileté des hommes…) l'œuvre de la Sagesse, du Christ; le discernement qui nous fera marcher sur un chemin qui respecte les grandes lois de la vie, cherche à comprendre les desseins divins, etc.

La seconde antienne, elle, fait référence au don de la Loi au Sinaï par Dieu: « Toi qui es apparu à Moïse dans la flamme du buisson ardent et lui as donné la Loi au Sinaï. » Autant dire que Dieu ne se révèle pas seulement par le cosmos (cf. Rm 1) et les « qualités naturelles » des hommes (Ex 36), mais aussi par la Loi. Le psaume 19, qui articule ces deux dimensions, nous le dit déjà. Au Seigneur et Pasteur d'Israël, donateur de la Torah, l'Église demande de « déployer la force de son bras pour nous racheter ».

Égrainer ces différents titres du Christ ne peut nous laisser comme avant.

La troisième antienne quant à elle, « identifie » Jésus à la « Clé de David » d'Isaïe (Is 22, 22), en vertu d'une lecture christologique déjà entreprise par l'Apocalypse (cf. Ap 3). Nous demandons alors au Christ de nous libérer des ténèbres de la mort.

Par la Bible nous savons la « puissance » du Nom. Égrainer ces différents titres du Christ, en se remémorant les étapes de l'histoire du salut, ne peut nous laisser comme avant. Et, non contentes de nous préparer à célébrer Noël et le retour du Christ en gloire, ces pièces liturgiques nous tournent vers les avènements intermédiaires du Christ dans l'aujourd'hui de nos vies. ■

Jean-Guilhem Xerri, auteur de *(Re)vivez de l'intérieur,*
Les éditions du Cerf, 2019

Le silence, espace où Dieu nous parle

Le silence a de nombreuses vertus pour les Pères du désert.

« Abba, pourquoi "tenir sa langue" serait un exercice spirituel ? » demanda un disciple à un Père du désert. Le silence était, pour les Pères du désert, une ressource majeure de la vie intérieure. En témoigne cette anecdote : l'archevêque d'Alexandrie vint un jour à Scété, le désert égyptien où vivent les Pères. Les frères étaient réunis et demandèrent à l'abbé Pambo de dire quelques mots à l'évêque pour l'édifier. Mais il répondit : « S'il n'est pas édifié par mon silence, il ne le sera pas par mes paroles. »

Le silence apparaît ainsi constituer un témoignage plus fort que de belles et saintes paroles ! Voilà qui a de quoi interpeller à une époque où nos modes de vie en font une espèce en voie d'extinction. Mais l'ennemi du silence, ce n'est pas seulement le bruit, c'est aussi la peur du silence.

Faire silence est d'abord pour les Pères une vigilance. Cela signe une capacité à maîtriser une parole, pour éviter le bavardage, les propos vains voire blessants. Il ne s'agit pas tant de se priver d'expression que d'être attentifs à ce qui sort de notre bouche et aussi de nos bavardages intérieurs.

Faire silence, cela s'apprend. Ainsi, « on disait d'Abba Agathon que pendant trois ans il se mit un caillou dans la bouche jusqu'à ce qu'il fût capable d'observer le silence ». Eh oui, car l'objectif n'est pas de retenir ses mots comme on retiendrait sa respiration le plus longtemps possible mais d'accueillir le silence, de l'écouter, de recueillir ce qui s'y donne. « Assieds-toi et fais silence », conseille Abba Arsène – très vénéré aujourd'hui dans l'Église orthodoxe – à qui veut méditer. Le silence est cet état dans lequel nous faisons retour sur nous-mêmes, nous approfondissons notre être. Il est aussi l'attitude fondamentale du disciple car il est l'espace où Dieu parle et agit en l'homme. Le silence nous rend attentifs et permet de nous entretenir avec la vie. Abba Isaïe, auteur d'un recueil d'ascèse, disait : « Parler disperse. Le silence unifie. » Qu'allons-nous trouver pour favoriser le silence dans notre vie quotidienne ? ■

© Gaëtan Évrard

« Assieds-toi et fais silence », conseille Abba Arsène.

Qui étaient les Pères du désert ?

Des hommes et des femmes, pionniers de la vie monastique. Ils s'installent à partir du IVe siècle dans les déserts d'Égypte et de Syrie pour vivre leur foi en petites communautés ou en solitaires. On appelle « apophtegmes » leurs conseils.

TÉMOIGNAGE DE LECTEUR

Propos recueillis par le **père Jean-Paul Musangania**, assomptionniste

« L'autel des ancêtres, témoin de notre prière »

Jeff et Marie-Ange Tremblay, la soixantaine, laïcs de l'Alliance et paroissiens de la côte de Jade à Pornic (44), prient tous les matins devant l'autel où sont disposés les portraits de leurs êtres chers décédés.

Nous avons pour habitude, Jeff et moi, de prier ensemble tous les matins à 8 h 30 après le petit-déjeuner. Nous nous installons au salon devant l'oratoire où, aux côtés des icônes de la sainte Vierge, de Jésus et d'un ange gardien, sont disposés les portraits de tous nos êtres chers décédés. Il s'agit assurément d'un « autel des ancêtres » disent nos petits-enfants en référence au film d'animation *Coco* qui rappelle la fête des morts ! Ce sont leurs arrières grands-parents, un grand-père et un grand-oncle.

Nous prenons la prière des laudes et lisons les textes de la messe du jour. Nous allumons une bougie et passons un petit moment de recueillement avant l'invocation « Seigneur, ouvre mes lèvres et ma bouche publiera ta louange ». Assis tous les deux sur un canapé, nous ouvrons l'application *Prions en Église* pour prier, à tour de rôle, les psaumes. Chemin faisant, les

© Sandrine Martin

lectures de la messe nous permettent d'approfondir la méditation à l'aide des commentaires très courts mais éclairants. Ensuite, nous laissons parler nos cœurs au regard de ce que nous vivons, de la mémoire que nous avons envie de faire ou pas, etc. Nous prenons environ un quart d'heure avant de formuler spontanément les intentions de prière en fonction des jours et des situations (nos familles, nos amis, les événements lus dans la presse...). Jour après jour, la prière devient un point d'ancrage qui nous permet de rendre grâce pour la vie. Pendant que Jeff fredonne en envoi : « Mets en nous Seigneur un esprit nouveau... », je poursuis par une demi-heure de méditation. Il y a toujours un mot qui reste, qui émerge et qui m'invite à concrétiser la parole pour la journée. Cette parole de saint Augustin, « Aime et fais ce que tu veux », est devenue mon leitmotiv pour me mettre à l'écoute de l'autre. ■

QUESTION DE FOI

Qu'est-ce qu'un Jubilé ?

Une Année sainte ou Jubilé est pour le peuple de Dieu un temps de réjouissance, de festivités. De même que le sabbat correspond au repos de Dieu le 7e jour (Gn 2, 2-3), une année sabbatique est prévue la 7e année de l'ensemencement de la terre, pour la laisser se reposer (Lv 25, 4-5); la Loi prévoit aussi une « année jubilaire » tous les cinquante ans, année sainte pour la libération de tous (Lv 25, 10-11).

Boniface VIII (1300) puis Sixte IV (1471) ont repris cette tradition. Des années saintes ont eu lieu tous les 100 ans, puis tous les 50 ans, puis 33, et enfin tous les 25 ans; mais d'autres s'y ajoutent parfois. Ainsi, le Grand Jubilé ordinaire de l'an 2000 et, en 2015-2016, le Jubilé extraordinaire de la Miséricorde (50 ans après la clôture de Vatican II). À cette occasion, les fidèles peuvent recevoir le pardon de leurs péchés et l'indulgence plénière.

Prêtres et religieux célèbrent en joyeuse action de grâce les 25 ou 50 ans de leur engagement. Et, pour la défense de la Création, le pape François a inauguré le 1er septembre 2020 un Jubilé pour la Terre (50e anniversaire du Jour de la Terre) : invitation à louer le Créateur pour ses merveilles, en nous laissant renouveler par l'Esprit. ■

Michèle Clavier,
théologienne

CROISIÈRE-PÈLERINAGE AU FIL DE LA VOLGA

À la découverte de l'âme russe

Prions en Église vous propose d'aller à la rencontre d'un pays continent, la Russie. L'Église russe, qui compte 150 millions de fidèles, est la plus importante, en nombre, dans le monde orthodoxe. De Saint-Pétersbourg à Moscou, nous serons entraînés à la découverte de ce que le pays offre de plus beau. Le rythme des canaux de la Volga nous fera comprendre pourquoi elle fut, depuis toujours, la nourrice du pays, le berceau de la Russie. Cette traversée nous enchantera par des paysages et des haltes culturelles, par les isbas en bois. L'eucharistie quotidienne ainsi que des visites de monastères et églises peintes auront une place privilégiée dans notre croisière-pèlerinage. Quelles que soient vos attentes, vous serez enchantés. ■ **Père Gica Paulet**, *assomptionniste*

PRATIQUE

Pèlerinage du 24 juin au 4 juillet 2021.
Une sélection "Prions en Église" et "Pèlerin" organisée par Rivages du monde.
Informations et inscriptions : 01 58 36 08 38 ou www.rivagesdumonde.fr

R | RIVAGES DU MONDE

© AdobeStock

Benoît Amblard, séminariste et en mission avec la DCC à Madagascar

« Marcher avec les autres vers la sainteté »

« Volontaire avec la DCC et séminariste à Madagascar, je n'ai bien sûr pas échappé au "choc interculturel" à mon arrivée ! Pas facile quand cela englobe aussi le spirituel, car marcher avec les autres vers la sainteté est très important pour moi. Pourtant, deux choses m'ont beaucoup marqué depuis le début de cette mission. Enseignant le français dans un collège-lycée, certains lycéens ont commencé à me poser des questions sur la foi : "Comment connaître la volonté de Dieu ?" ou alors "Pourquoi la colère est-elle un des sept péchés capitaux ? Ne serait-elle pas plutôt une émotion ?" Croyez-vous que j'avais une réponse toute faite ? Évidemment non, mais ce furent des occasions d'échanger en profondeur sur des questions que tout jeune peut se poser, quelle que soit sa culture. Une rencontre m'a aussi beaucoup marqué, celle d'enfants sur une route qui grimpait fort alors que j'étais en vélo. Ces petits se sont mis à me pousser pour m'aider. Touché par leur geste, je leur ai proposé, une fois arrivés en haut, de prier ensemble et en malgache. Un moment d'une rare intensité. Merci Seigneur de nous rassembler en ton nom ! » ■

Photo : DCC

Benoît Amblard avec des enfants croisés sur le chemin à Madagascar.

Père Jean-Paul Musangania, assomptionniste

Migrants : à l'abri de l'esclavage moderne

Le 2 décembre est la Journée internationale pour l'abolition de l'esclavage. Une réalité tristement actuelle à laquelle œuvre la communauté Sant'Egidio en mettant les migrants à l'abri de réseaux criminels.

Le phénomène de l'esclavage moderne fait des millions de victimes dans le monde. Il se manifeste sous plusieurs formes : travail domestique forcé, trafic d'êtres humains, servitude pour dettes, exploitation sexuelle… Devant l'ampleur de cette détresse humaine, la communauté Sant'Egidio a initié des évacuations humanitaires sur les côtes italiennes et au Liban pour mettre les migrants à l'abri des réseaux effroyables des passeurs. « Nous avons créé des couloirs humanitaires dans des camps de Lampedusa et de Beyrouth où nos équipes identifient et activent des demandes d'asile des personnes migrantes en grandes vulnérabilités » témoigne Vincent Pacard, un des responsables des migrants de la communauté Sant'Egidio. Depuis quatre ans, plus de cinq cents familles demandeuses d'asile ont pu rejoindre la France dans de bonnes

11 décembre 2019 : famille de réfugiés venue d'Afghanistan et arrivée en Italie via l'un des couloirs humanitaires de Sant'Egidio.

© Alessia Giuliani/Cpp/Ciric

conditions. Dès leur arrivée, la communauté Sant'Egidio (en lien avec la pastorale des migrants, Caritas…) les accueille et les accompagne dans différents centres d'hébergement « pour éviter qu'ils soient livrés à eux-mêmes ou qu'ils se retrouvent entre les mains de trafiquants d'êtres humains » précise Vincent Pacard de ce protocole d'accueil solidaire.

Cette initiative d'accueil arrive à protéger la plupart des migrants privés de dignité après un long trajet de désespoir. C'est le cas de Patrick Bassila, 27 ans, Sénégalais, qui a connu quatre mois de calvaire avant de traverser la Méditerranée en pirogue. « J'ai vécu en Libye où les passeurs nous obligeaient à travailler pour réunir un montant de 850 dinars libyens (500 euros) pour traverser la mer. » Le jeune migrant a été contraint de travailler sans contrat pendant plusieurs semaines sur un chantier dans un quartier périphérique de Tripoli. Son employeur l'a dénoncé à la police pour avoir réclamé tout simplement son salaire. « La police libyenne m'a frappé sans ménagement avant de me jeter en prison. Au-delà de la bastonnade, …

... chaque prisonnier avait droit à un repas frugal seulement tous les deux jours. Mais le plus horrible était les violences sexuelles que certains gardiens infligeaient aux prisonniers » se rappelle-t-il au bord des larmes.

Patrick a fini par s'échapper de la prison et a pu recommencer de petits boulots. Il a vite réuni le montant demandé par les passeurs qui organisent la traversée. Au bout de deux heures au gré des vagues, les navires de surveillance les ont secourus au large des côtes italiennes et amenés dans un camp à Lampedusa. Dès son arrivée, un agent de la communauté Sant'Egidio s'est vite emparé de sa demande d'asile. Après deux ans à Lampedusa, le jeune africain est arrivé à Paris où la communauté Sant'Egidio l'accompagne pour se reconstruire et s'engager dans une activité professionnelle. « Aujourd'hui, mon travail d'aide à domicile pour les personnes âgées vivant à Saint-Rémy-lès-Chevreuse, au sud de Paris, me permet de retrouver une grande part de mon humanité après les nombreuses maltraitances de mon itinéraire », conclut-il. ■

Journée du 2 décembre

Chaque année, le 2 décembre est la Journée internationale pour l'abolition de l'esclavage. Les principales formes contemporaines d'esclavages sont le travail forcé, le travail des enfants, la traite d'êtres humains. L'Organisation internationale du Travail (OIT) décompte plus de 40 millions de victimes du travail forcé dans le monde.

LE JOUR DU SEIGNEUR – FRANCE 2 (11 heures)

6/12 Paroissse de Wépion, Belgique.
Prédicateur : *information non confirmée.*

13/12 Basilique Sainte-Thérèse, Lisieux (14).
Prédicateur : Fr. Franck Dubois, dominicain.

20/12 Église Sainte-Geneviève des Grandes Carrières, Paris (XVIIIe).
Prédicateur : Mgr Michel Aupetit, archevêque de Paris.

25/12 **MINUIT** : basilique Saint-Pierre, Rome, célébrée par le pape François.

25/12 Chapelle Saint-Dominique Savio de La Longeraie, Morges (Suisse).
Prédicateur : P. Jean Burin des Roziers.

27/12 Église Saint-Martin, Salies-de-Béarn (64).
Prédicateur : Fr. Yves Combeau, dominicain.

FRANCE CULTURE (10 heures)

6/12 Chapelle Notre-Dame de la Médaille miraculeuse, Paris (VIIe).
Prédicateur : P. Bertrand Bousquet.

13/12 Chapelle Notre-Dame de la Médaille miraculeuse, Paris (VIIe).
Prédicateur : P. Roberto Gomez, lazariste.

20/12 Chapelle Notre-Dame de la Médaille miraculeuse, Paris (VIIe).
Prédicateur : Mgr. Bernard Podvin.

25/12 **MINUIT** Cathédrale Sainte-Croix, Orléans (45).
Prédicateur : Mgr Jacques Blaquart.

25/12 Cathédrale Sainte-Croix, Orléans (45). Prédicateur : Mgr Jacques Blaquart.

27/12 Chapelle Notre-Dame de la Médaille miraculeuse, Paris (VIIe).
Prédicateur : Fr. Jean-Christophe de Nadaï, dominicain.

Informations communiquées sous réserve de modifications.

LIVRES

Peindre la Bible
Quand les peintres interprètent les textes sacrés

de Régis Burnet, Bayard, 250 p.

La Bible déborde de chefs-d'œuvre qui subliment les textes sacrés. Cet ouvrage de Régis Burnet analyse plus de deux cents reproductions d'œuvres majeures de grands peintres de l'histoire des XXe et XXIe siècles. Subtilement, le théologien et spécialiste de l'histoire de l'art accompagne chacune des œuvres d'un texte pédagogique accessible à tous.

Théodom vol. 3. Bible, mode d'emploi

de Fr. Pierre de Marolles, Cerf, 97 p.

« Ne pas se chercher soi-même dans le texte biblique, mais chercher d'abord le Christ. » Tel est l'objectif de ce fascicule en sept chapitres, chacun analysant un texte biblique différent : prophétie, psaume, évangile… Pour aider le lecteur à entrer dans les Écritures, Pierre de Marolles propose des outils d'analyse. Et à travers une série de conseils, de quiz, de mots croisés, ce livret offre une pédagogie interactive.

La Bible
Traduction liturgique avec notes explicatives

Salvator, 2 880 p.

De la Genèse à l'Apocalypse, cette nouvelle traduction de la Bible donne de savourer le texte en profondeur à travers des notes explicatives sur des mots, des expressions. De quoi fournir, de manière instructive, toutes les informations utiles, claires et accessibles à tout lecteur non spécialiste désireux d'approfondir sa compréhension de la Bible, individuellement ou en groupe. ■

P. Jean-Paul Musangania

EXPOSITION

Chagall. Le passeur de lumière

Marc Chagall. *Le roi David.* 1951

Les maquettes des vitraux réalisés par Chagall pour de nombreux édifices notamment religieux, dans la région Grand Est, dont à Metz mais aussi dans d'autres pays (Allemagne, Israël, États-Unis, Angleterre, Suisse) sont rassemblées avec un important ensemble de peintures, sculptures, céramiques et dessins issus des collections publiques et privées. Ces objets rassemblés permettent de redécouvrir une œuvre passant librement d'une technique à une autre, du profane au sacré, du judaïsme au christianisme, de l'histoire collective à l'intimité de l'artiste, entre tradition et subversion et au-delà de tout dogme… ■

Benoît de Sagazan, rédacteur en chef du *Monde de la Bible*

Du 21 novembre 2020 au 15 mars 2021 au Centre Pompidou – Metz (57)
www.centrepompidou-metz.fr

© G. Blot/Musée national de Nice/Adagp Paris

NOS ACTUS

Hors-série Noël 2020

Du 29 novembre au 25 décembre, cheminer vers Noël pour annoncer avec les anges la venue du Sauveur. Avec ce hors-série, *Prions en Église,* vous accompagne chaque jour de l'Avent : 80 pages de prières, de témoignages, de chants, d'activités manuelles, de partage et de solidarité marqueront les étapes de votre route vers la Nativité. ■

Amandine Boivin

Compris dans votre offre d'abonnement fidélité et disponible sur librairie-bayard.com/noel2020

CD

Balcanik Bach

Gerardo Jerez Le Cam
Marian Iacob Maciuca
Bayard Musique

Deux grands musiciens, un pianiste argentin et un violoniste roumain, rendent hommage à la musique de Jean-Sébastien Bach en l'interprétant dans le style festif et populaire de la culture des peuples des Balkans. Une magnifique rencontre entre musiques savantes et traditionnelles.

Offices de Noël
Laudes, milieu du jour, vêpres, complies

Sœur Agathe, ADF Musique

Pour prier au moment de Noël, ce CD propose les offices de la nuit et du jour de la Nativité. Ils sont interprétés par sœur Agathe et un petit chœur. De belles mélodies accessibles portées par un accompagnement sobre qui évoque la joie et la simplicité de Noël. ■

Dominique Pierre, rédacteur en chef de *Chantons en Église*

NUMÉRIQUE

Questions essentielles

Si Dieu est amour, pourquoi le mal, la guerre, les souffrances ? À quoi bon aller à la messe ? Jésus peut-il me guérir ? Depuis 2004, le site des laïcs engagés dans l'Église *Qe.catholique.org* propose des milliers de réponses de grande qualité sur la foi, l'Église, les sacrements… À travers neuf rubriques, ce portail collaboratif donne gratuitement la possibilité à tous de se former et d'approfondir la vie chrétienne. ■

http://qe.catholique.org/

P. Jean-Paul Musangania

Informations communiquées sous réserve de modifications.

Grand Nord-Ouest

SAINTE-ANNE D'AURAY (56)

DU LUNDI 21 AU SAMEDI 26

Retraite

Vivre le temps de Noël de manière simple, fraternelle et joyeuse. Préparer la célébration de la Nativité (décoration, chants, contes…), pour toute personne, seule ou accompagnée.

02 97 44 83 83
accueil@penboch.fr
www.penboch.fr

ÉPERNON (28)

DU LUNDI 28 AU MARDI 29

Retraite des familles

« Venez et voyez », à l'aide de la spiritualité ignatienne et Notre Dame du Web, animée par l'équipe du prieuré Saint-Thomas.

02 37 83 60 01
prieure-epernon@orange.fr
www.prieure-saint-thomas.fr

LA CHAPELLE-MONTLIGEON (61)

DU MERCREDI 30 AU SAMEDI 2 JANVIER

Halte spirituelle

« Nouvel an pour parents solos. » Pour parents seuls, séparés, divorcés ou veufs (seul ou en famille), pour célébrer l'espérance au sanctuaire Notre-Dame de Montligeon.

02 33 85 17 00
reception@montligeon.org
www.montligeon.org

Grand Nord-Est

DIJON (21)

SAMEDI 12

Salon

Plus d'une trentaine d'auteurs sont attendus pour le 5e salon du livre et des médias chrétiens, à la salle Devosges.

03 80 38 90 90
salondulivrededijon@gmail.com
salondulivrechretiendedijon.com

SAINT-NICOLAS-LÈS CITEAUX (21)

Retraite

Dans la ligne de l'hospitalité bénédictine, la communauté accueille volontiers des « chercheurs de Dieu », pour des durées de 2 à 7 jours.

03 80 61 35 34
hotelier@citeaux-abbaye.com
www.citeaux-abbaye.com

LILLE (59)

DIMANCHE 20

Dimanche Jaïre

Chaque troisième

... dimanche du mois, la maison diocésaine de Merville organise un temps de méditation avant une eucharistie. Possibilité d'arriver dès le vendredi soir.
07 82 46 05 69
animation.mda.merville@gmail.com
mda-merville.com

Grand Sud-Ouest

ROCHEFORT-DU-GARD (30)

JEUDI 17

Conférence

« Le baptisé vit de l'eucharistie », avec le père Cyril Farwerck, curé de Villeneuve-lès-Avignon, au sanctuaire Notre-Dame de Grâce.
04 90 30 72 01
accueil@ndg30.fr
http://ndg30.fr

MOISSAC (82)

SAMEDI 19

Visite

« Autre regard sur l'Épiphanie et l'abbaye Saint-Pierre », une visite pour découvrir la représentation de la Nativité et de l'Épiphanie dans la sculpture moissagaise.
05 63 04 01 85
www.abbayemoissac.com

LOURDES (65)

DU LUNDI 21 AU SAMEDI 26

Retraite

« Vivre à Lourdes le mystère de Noël », animée par les Religieuses de l'Assomption et un chapelain de Lourdes.
05 62 94 39 81
accueil@assomption-lourdes.com
www.assomption-lourdes.com

PAULHENC (15)

DU JEUDI 31 AU VENDREDI 1ER JANVIER

Prière

« Une nuit pour prier » : passer à la nouvelle année au centre spirituel La Pomarède.
04 71 23 61 61
la-pomarede.net

Grand Sud-Est

PLANCHERINE (73)

Halte spirituelle

Tout au long de l'année, la communauté de l'abbaye de Tamié offre aux visiteurs un cadre de silence, de recueillement et d'écoute, qu'ils viennent pour une heure ou quelques jours.
04 79 31 15 53
accueil@abbaye-tamie.com
www.abbaye-tamie.com

LYON (69)

DU SAMEDI 5 AU MARDI 8

Fête des lumières

Organisée habituellement chaque année autour de la fête de l'Immaculée Conception, la ville de Lyon s'illumine pendant quatre soirées.
www.fetedeslumieres.lyon.fr

LE PUY-EN-VELAY (43)

MERCREDI 9

Halte spirituelle en soirée

« Préparer les chemins du Seigneur » : différentes manières de prier avec la parole de Dieu, à la maison diocésaine La Providence.
04 71 07 04 60
formationspirituelle@catholique-lepuy.fr
www.catholique-lepuy.fr

ZOOM

Le 6 décembre, on fête saint Nicolas !

Au palmarès des saints patrons les plus occupés, saint Nicolas figure sans doute en bonne place ! On n'en finit pas d'énumérer ceux qui ont choisi de se placer sous sa protection : bateliers et mariniers, avocats, kinésithérapeutes, prisonniers, bouchers, marchands de vins, Lorrains, enfants… Très populaire dans certaines régions comme dans le Nord et l'Est de la France et en Belgique, arborant mitre, barbe blanche et vêtu de rouge, inspirateur du Père Noël, le saint évêque de Myre est chaque année l'objet de nombreuses traditions et festivités. Le 5 ou le 6 décembre, on peut notamment assister au défilé et aux illuminations de la Saint-Nicolas à Nancy (54), Metz (57) ou Saint-Nicolas-de-Port (54), la bien nommée. En Belgique, à Mons, Bruxelles ou encore à Liège, la tradition de la Saint-Nicolas des étudiants consiste à défiler en cortège et à récolter des pièces auprès des passants durant la première semaine de décembre. Pour les enfants de ces régions, la venue de saint Nicolas est synonyme de cadeaux et de friandises, comme un avant-goût de Noël. ■ **Nicolas Crouzier**

… MEYLAN (38)

JEUDI 3

Conférence

« De l'écologie à l'eucharistie ? La foi intégrale d'Irénée », de Marie-Laure Chaïeb, enseignante-chercheuse de théologie patristique, au centre théologique de Meylan.
04 76 41 62 83
contact@ctm-grenoble.org
www.ctm-grenoble.org

Île-de-France

PARIS (V^E^)

DU VENDREDI 4 AU DIMANCHE 13

Spectacle

Scénographie immersive sur les grandes heures de l'histoire de sainte Geneviève, composée par 500 volontaires bénévoles dans le cadre de l'année Sainte-Geneviève.
www.genevieve-spectacle.fr

PARIS (VI^E^)

MARDI 8

Concert méditatif

Récital du répertoire chrétien antique occidental, par Iégor Reznikoff et un petit ensemble de l'École de louange, au Forum 104.
01 45 44 01 87
contact@forum104.org
www.forum104.org

PARIS

VENDREDI 25 ET JEUDI 31

Repas solidaire

La Société de Saint-Vincent-de-Paul organise, notamment à Noël ou pour le réveillon du 31, des repas solidaires pour les personnes seules ou en situation précaire.
www.ssvp.fr

Monde

ROME (ITALIE)

VENDREDI 25

Bénédiction Urbi et Orbi

À midi, message du pape François depuis Rome.

ENVOYEZ VOS RENDEZ-VOUS À L'AGENDA DE PRIONS EN ÉGLISE : Merci d'envoyer les informations nécessaires 3 mois avant l'événement, sans engagement de publication par la rédaction, à : *Prions en Église*, Agenda, 18 rue Barbès, 92120 Montrouge, ou par e-mail : *prionseneglise@bayard-presse.*